시편

PSALMS

의 손글씨

시작한 날 . . .

마친 날 . . .

시편 PSALMS

≡ 서론

시편은 찬양의 노래, 하나님의 도우심을 간절히 바라는 기도, 하나님을 의지하는 신뢰를 고백하는 시로 구성되어 있는 찬양과 기도의 책이다. 이 책은 예루살렘 성전과 회당에서 그리고 초대교회에서 공적인 찬송가와 기도서는 물론 개인의 고백으로 사용되었다. 시편은 모두 다섯 권으로 구성되어 있으며, 마지막 권을 제외한 네 권이 끝날 때마다 '아멘 아멘'이라는 표현을 담고 있는 송영으로 끝을 맺고 있다(41:13; 72:19; 89:52; 106:48). 다섯 권의 구조는 모세 오경(창세기, 출애굽기, 레위기, 민수기, 신명기)과 동일한 목적, 즉 하나님에 관해 가르치고 하나님을 따르게 하기위하여 구성되어 있음을 보여주고 있다.

제1권(1-41편)	제2권(42-72편)	제3권(73-89편)	제4권(90-106편)	제5권(107-150편)
다윗의 시	다윗과 고라의 시	아삽의 시	익명의 시	다윗과 익명의 시
예배 찬송	국가적 관심사에 대한 찬송		찬양의 송가	

≡ 개요

다윗이 그의 아들 압살롬을 피할 때에 지은 시	3편
다윗의 시, 인도자를 따라 현악에 맞춘 노래	4편
다윗의 시, 인도자를 따라 관악에 맞춘 노래	5편
다윗의 시, 인도자를 따라 현악 여덟째 줄에 맞춘 노래	6편
다윗의 식가욘, 베냐민인 구시의 말에 따라 여호와께 드린 노래	7편
다윗의 시, 인도자를 따라 깃딧에 맞춘 노래	8편
다윗의 시, 인도자를 따라 뭇랍벤에 맞춘 노래	9-10편
다윗의 시, 인도자를 따라 부르는 노래	11편
다윗의 시, 인도자를 따라 여덟째 줄에 맞춘 노래	12편
다윗의 시, 인도자를 따라 부르는 노래	13-14편
다윗의 시	15편
다윗의 믹담	16편
다윗의 기도	17편
여호와의 종 다윗의 시, 인도자를 따라 부르는 노래, 여호와께서 다윗을 그 모든 원수들의 손에서와 사울의 손에서 건져 주신 날에 다윗이 이 노래의 말로 여호와께 아뢰어 이르되	18편
다윗의 시, 인도자를 따라 부르는 노래	19-21편
다윗의 시, 인도자를 따라 아얠렛샤할에 맞춘 노래	22편
다윗의 시	23-29편
다윗의 시, 곧 성전 낙성가	30편
다윗의 시, 인도자를 따라 부르는 노래	31편
다윗의 마스길	32-33편
다윗이 아비멜렉 앞에서 미친 체하다가 쫓겨나서 지은 시	34편
다윗의 시	35편

여호와의 종 다윗의 시, 인도자를 따라 부르는 노래	36편
다윗의 시	37편
다윗의 기념하는 시	38편
다윗의 시, 인도자를 따라 여두둔 형식으로 부르는 노래	39편
다윗의 시, 인도자를 따라 부르는 노래	40-41편
고라 자손의 마스길, 인도자를 따라 부르는 노래	42-44편
고라 자손의 마스길, 사랑의 노래, 인도자를 따라 소산님에 맞춘 것	45편
고라 자손의 시, 인도자를 따라 알라못에 맞춘 노래	46편
고라 자손의 시, 인도자를 따라 부르는 노래	47편
고라 자손의 시 곧 노래	48편
고라 자손의 시, 인도자를 따라 부르는 노래	49편
아삽의 시	50편
다윗의 시, 인도자를 따라 부르는 노래, 다윗이 밧세바와 동침한 후 선지자 나단이 그에게 왔을 때	51편
다윗의 마스길, 인도자를 따라 부르는 노래, 에돔인 도엑이 사울에게 이르러 다윗이 아히멜렉의 집에 왔다고 그에게 말하던 때에	52편
다윗의 마스길, 인도자를 따라 마할랏에 맞춘 노래	53편
다윗의 마스길, 인도자를 따라 현악에 맞춘 노래, 십 사람이 사울에게 이르러 말하기를 다윗이 우리가 있는 곳에 숨지 아니하였나이까 하던 때에	54편
다윗의 마스길, 인도자를 따라 현악에 맞춘 노래	55편
다윗의 믹담 시, 인도자를 따라 요낫 엘렘 르호김에 맞춘 노래, 다윗이 가드에서 블레셋인에게 잡힌 때에	56편
다윗의 믹담 시, 인도자를 따라 알다스헷에 맞춘 노래, 다윗이 사울을 피하여 굴에 있던 때에	57편
다윗의 믹담 시, 인도자를 따라 알다스헷에 맞춘 노래	58편
다윗의 믹담 시, 인도자를 따라 알다스헷에 맞춘 노래, 사울이 사람을 보내어 다윗을 죽이려고 그 집을 지킨 때에	59편
다윗이 교훈하기 위하여 지은 믹담, 인도자를 따라 수산에듯에 맞춘 노래, 다윗이 아람 나하라임과 아람소바와 싸우는 중에 요압이 돌아와 에돔을 소금 골짜기에서 쳐서 만 이천 명을 죽인 때에	60편
다윗의 시, 인도자를 따라 현악에 맞춘 노래	61편
다윗의 시, 인도자를 따라 여두둔의 법칙에 따라 부르는 노래	62편
다윗의 시, 유다 광야에 있을 때에	63편
다윗의 시, 인도자를 따라 부르는 노래	64편
다윗의 시, 인도자를 따라 부르는 노래	65편
시, 인도자를 따라 부르는 노래	66편
시 곧 노래, 인도자를 따라 현악에 맞춘 것	67편
다윗의 시, 인도자를 따라 부르는 노래	68편
다윗의 시, 인도자를 따라 소산님에 맞춘 노래	69편
다윗의 시로 기념식에서 인도자를 따라 부르는 노래	70-71편
솔로몬의 시	72편
아삽의 시	73편
아삽의 마스길	74편
아삽의 시, 인도자를 따라 알다스헷에 맞춘 노래	75편
아삽의 시, 인도자를 따라 현악에 맞춘 노래	76편
아삽의 시, 인도자를 따라 여두둔의 법칙에 따라 부르는 노래	77편
아삽의 마스길	78편
아삽의 시	79편
아삽의 시, 인도자를 따라 소산님에듯에 맞춘 노래	80편
아삽의 시, 인도자를 따라 깃딧에 맞춘 노래	81편
아삽의 시	82편
아삽의 시 곧 노래	83편
고라 자손의 시, 인도자를 따라 깃딧에 맞춘 노래	84편
고라 자손의 시, 인도자를 따라 부르는 노래	85편
다윗의 기도	86편
고라 자손의 시 곧 노래	87편
고라 자손의 찬송 시 곧 에스라인 헤만의 마스길, 인도자를 따라 마할랏르안놋에 맞춘 노래	88편
에스라인 에단의 마스길	89편
하나님의 사람 모세의 기도	90-91편
안식일의 찬송 시	92-97편

시	98-99편
감사의 시	100편
다윗의 시	101편
고난 당한 자가 마음이 상하여 그의 근심을 여호와 앞에 토로하는 기도	102편
다윗의 시	103-107편
다윗의 찬송 시	108편
다윗의 시, 인도자를 따라 부르는 노래	109편
다윗의 시	110-119편
성전에 올라가는 노래	120-121편
다윗의 시 곧 성전에 올라가는 노래	122편
성전에 올라가는 노래	123편
다윗의 시 곧 성전에 올라가는 노래	124편
성전에 올라가는 노래	125-126편
솔로몬의 시 곧 성전에 올라가는 노래	127편
성전에 올라가는 노래	128-130편
다윗의 시 곧 성전에 올라가는 노래	131편
성전에 올라가는 노래	132편
다윗의 시 곧 성전에 올라가는 노래	133편
성전에 올라가는 노래	134-137편
다윗의 시	138편
다윗의 시, 인도자를 따라 부르는 노래	139-140편
다윗의 시	141편
다윗이 굴에 있을 때에 지은 마스길 곧 기도	142편
다윗의 시	143-144편
다윗의 찬송시	145-150편

▶ 공동체 성경쓰기 운동_ 써바이블

"써(Write) 바이블(Bible)"은 공동체 성경쓰기의 타이틀로, 우리의 생존(Survival)에 성경이 가장 소중하다는 의미를 담고 있으며, 가장 기본인 말씀으로 돌아가기를 시작하자는 손글씨성경쓰기 운동입니다.

손글씨 성경_ 읽고, 쓰고, 마음판에 새기다

기독교는 말씀의 종교라고 합니다. 그것은 하나님께서 주신 '말씀'(성경)으로부터 모든 역사를 이루어 왔기 때문입니다. 따라서 모든 그리스도인들은 하나님께서 주신 말씀을 읽고, 묵상하고, 다시 적용하는 '신앙인의 삶'을 가장 우선순위에 둡니다. 말씀을 읽지 않고 하나님을 예배할 수 없고, 말씀을 묵상하지 않고 하나님의 계획을 알 수 없고, 말씀을 적용하지 않고 성화될 수 없기 때문입니다. 성경을 읽고 마음판에 새기기 위하여 쓰기의 중요성과 필요성은 아무리 강조해도 지나치지 않습니다.

▶ 성경읽기와 쓰기의 중요성과 필요성

① 성경은 하나님의 말씀이며 하나님의 계획을 담고 있기에, 읽고 쓰고 마음판에 새겨야 합니다.
② 성경은 우리를 향한 하나님의 사랑의 표현이기 때문에, 읽고 쓰고 마음판에 새겨야 합니다.
③ 성경은 우리를 구속하기 위한 하나님의 은혜이기 때문에, 읽고 쓰고 마음판에 새겨야 합니다.
④ 성경은 우리를 진리로 인도하기 때문에, 읽고 쓰고 마음판에 새겨야 합니다.
⑤ 성경을 읽고 쓰는 것은 모든 그리스도인들에게 선택이 아닌 필수입니다.

"이 율법책을 네 입에서 떠나지 말게 하며
주야로 그것을 묵상하여 그 안에 기록된 대로 다 지켜 행하라
그리하면 네 길이 평탄하게 될 것이며 네가 형통하리라"
(수 1:8)

보고 쓰는 손글씨 성경 활용법

시편 Psalms

제 일 권

1 복 있는 사람은 악인들의 꾀를 따르지 아니하며 죄인들의 길에 서지 아니하며 오만한 자들의 자리에 앉지 아니하고

2 오직 여호와의 율법을 즐거워하여 그의 율법을 주야로 묵상하는도다

3 그는 시냇가에 심은 나무가 철을 따라 열매를 맺으며 그 잎사귀가 마르지 아니함 같으니 그가 하는 모든 일이 다 형통하

제 일 권

1

2

3

소제목 표기생략

장숫자 표기생략

절숫자 표기생략

소제목, 장・절숫자가 표기되어 있어 그대로 본문을 따라 적기만 하면 됩니다.

필사 예시

시편 Psalms

제 일 권

1 복 있는 사람은 악인들의 꾀를 따르지 아니하며 죄인들의 길에 서지 아니하며 오만한 자들의 자리에 앉지 아니하고

2 오직 여호와의 율법을 즐거워하여 그의 율법을 주야로 묵상하는도다

3 그는 시냇가에 심은 나무가 철을 따라 열매를 맺으며 그 잎사귀가 마르지 아니함 같으니 그가 하는 모든 일이 다 형통하리로다

4 악인들은 그렇지 아니함이여 오직 바람에 나는 겨와 같도다

5 그러므로 악인들은 심판을 견디지 못하며 죄인들이 의인들의 모임에 들지 못

제 일 권

1 복 있는 사람은 악인들의 꾀를 따르지
아니하며 죄인들의 길에 서지 아니하며
오만한 자들의 자리에 앉지 아니하고

2 오직 여호와의 율법을 즐거워하여
그의 율법을 주야로 묵상하는도다

3 그는 시냇가에 심은 나무가 철을 따라
열매
아니
형통

4 악인
바람

5

시편 Psalms

제 일 권

1 복 있는 사람은 악인들의 꾀를 따르지 아니하며 죄인들의 길에 서지 아니하며 오만한 자들의 자리에 앉지 아니하고

2 오직 여호와의 율법을 즐거워하여 그의 율법을 주야로 묵상하는도다

3 그는 시냇가에 심은 나무가 철을 따라 열매를 맺으며 그 잎사귀가 마르지 아니함 같으니 그가 하는 모든 일이 다 형통하리로다

4 악인들은 그렇지 아니함이여 오직 바람에 나는 겨와 같도다

5 그러므로 악인들은 심판을 견디지 못하며 죄인들이 의인들의 모임에 들지 못하리로다

6 무릇 의인들의 길은 여호와께서 인정하시나 악인들의 길은 망하리로다

2 어찌하여 이방 나라들이 분노하며 민족들이 헛된 일을 꾸미는가

2 세상의 군왕들이 나서며 관원들이 서로 꾀하여 여호와와 그의 기름 부음 받은 자를 대적하며

3 우리가 그들의 맨 것을 끊고 그의 결박을 벗어 버리자 하는도다

4 하늘에 계신 이가 웃으심이여 주께서 그들을 비웃으시리로다

제 일 권

1

2

3

4

5

6

2

2

3

4

5 그 때에 분을 발하며 진노하사 그들을 놀라게 하여 이르시기를

6 내가 나의 왕을 내 거룩한 산 시온에 세웠다 하시리로다

7 내가 여호와의 명령을 전하노라 여호와께서 내게 이르시되 너는 내 아들이라 오늘 내가 너를 낳았도다

8 내게 구하라 내가 이방 나라를 네 유업으로 주리니 네 소유가 땅 끝까지 이르리로다

9 네가 철장으로 그들을 깨뜨림이여 질그릇 같이 부수리라 하시도다

10 그런즉 군왕들아 너희는 지혜를 얻으며 세상의 재판관들아 너희는 교훈을 받을지어다

11 여호와를 경외함으로 섬기고 떨며 즐거워할지어다

12 그의 아들에게 입맞추라 그렇지 아니하면 진노하심으로 너희가 길에서 망하리니 그의 진노가 급하심이라 여호와께 피하는 모든 사람은 다 복이 있도다

다윗이 그의 아들 압살롬을 피할 때에 지은 시

3 여호와여 나의 대적이 어찌 그리 많은지요 일어나 나를 치는 자가 많으니이다

2 많은 사람이 나를 대적하여 말하기를 그는 하나님께 구원을 받지 못한다 하나이다 (셀라)

3 여호와여 주는 나의 방패시요 나의 영광이시요 나의 머리를 드시는 자이시니

5

6

7

8

9

10

11

12

다윗이 그의 아들 압살롬을 피할 때에 지은 시

3

2

3

이다

4 **내가 나의 목소리로 여호와께 부르짖으니 그의 성산에서 응답하시는도다 (셀라)**

5 **내가 누워 자고 깨었으니 여호와께서 나를 붙드심이로다**

6 **천만인이 나를 에워싸 진 친다 하여도 나는 두려워하지 아니하리이다**

7 **여호와여 일어나소서 나의 하나님이여 나를 구원하소서 주께서 나의 모든 원수의 뺨을 치시며 악인의 이를 꺾으셨나이다**

8 **구원은 여호와께 있사오니 주의 복을 주의 백성에게 내리소서 (셀라)**

다윗의 시, 인도자를 따라 현악에 맞춘 노래

4 **내 의의 하나님이여 내가 부를 때에 응답하소서 곤란 중에 나를 너그럽게 하셨사오니 내게 은혜를 베푸사 나의 기도를 들으소서**

2 **인생들아 어느 때까지 나의 영광을 바꾸어 욕되게 하며 헛된 일을 좋아하고 거짓을 구하려는가 (셀라)**

3 **여호와께서 자기를 위하여 경건한 자를 택하신 줄 너희가 알지어다 내가 그를 부를 때에 여호와께서 들으시리로다**

4 **너희는 떨며 범죄하지 말지어다 자리에 누워 심중에 말하고 잠잠할지어다 (셀라)**

5 **의의 제사를 드리고 여호와를 의지할지어다**

6 **여러 사람의 말이 우리에게 선을 보일**

4

5

6

7

8

다윗의 시, 인도자를 따라 현악에 맞춘 노래

4

2

3

4

5

6

자 누구뇨 하오니 여호와여 주의 얼굴을 들어 우리에게 비추소서

7 주께서 내 마음에 두신 기쁨은 그들의 곡식과 새 포도주가 풍성할 때보다 더하니이다

8 내가 평안히 눕고 자기도 하리니 나를 안전히 살게 하시는 이는 오직 여호와이시니이다

다윗의 시, 인도자를 따라 관악에 맞춘 노래

5 여호와여 나의 말에 귀를 기울이사 나의 심정을 헤아려 주소서

2 나의 왕, 나의 하나님이여 내가 부르짖는 소리를 들으소서 내가 주께 기도하나이다

3 여호와여 아침에 주께서 나의 소리를 들으시리니 아침에 내가 주께 기도하고 바라리이다

4 주는 죄악을 기뻐하는 신이 아니시니 악이 주와 함께 머물지 못하며

5 오만한 자들이 주의 목전에 서지 못하리이다 주는 모든 행악자를 미워하시며

6 거짓말하는 자들을 멸망시키시리이다 여호와께서는 피 흘리기를 즐기는 자와 속이는 자를 싫어하시나이다

7 오직 나는 주의 풍성한 사랑을 힘입어 주의 집에 들어가 주를 경외함으로 성전을 향하여 예배하리이다

8 여호와여 나의 원수들로 말미암아 주의 의로 나를 인도하시고 주의 길을 내 목전에 곧게 하소서

7

8

다윗의 시, 인도자를 따라 관악에 맞춘 노래

5

2

3

4

5

6

7

8

9 그들의 입에 신실함이 없고 그들의 심중이 심히 악하며 그들의 목구멍은 열린 무덤 같고 그들의 혀로는 아첨하나이다

10 하나님이여 그들을 정죄하사 자기 꾀에 빠지게 하시고 그 많은 허물로 말미암아 그들을 쫓아내소서 그들이 주를 배역함이니이다

11 그러나 주께 피하는 모든 사람은 다 기뻐하며 주의 보호로 말미암아 영원히 기뻐 외치고 주의 이름을 사랑하는 자들은 주를 즐거워하리이다

12 여호와여 주는 의인에게 복을 주시고 방패로 함 같이 은혜로 그를 호위하시리이다

다윗의 시, 인도자를 따라 현악 여덟째 줄에 맞춘 노래

6 여호와여 주의 분노로 나를 책망하지 마시오며 주의 진노로 나를 징계하지 마옵소서

2 여호와여 내가 수척하였사오니 내게 은혜를 베푸소서 여호와여 나의 뼈가 떨리오니 나를 고치소서

3 나의 영혼도 매우 떨리나이다 여호와여 어느 때까지니이까

4 여호와여 돌아와 나의 영혼을 건지시며 주의 사랑으로 나를 구원하소서

5 사망 중에서는 주를 기억하는 일이 없사오니 스올에서 주께 감사할 자 누구리이까

6 내가 탄식함으로 피곤하여 밤마다 눈물로 내 침상을 띄우며 내 요를 적시나이다

9

10

11

12

다윗의 시, 인도자를 따라 현악 여덟째 줄에 맞춘 노래

6

2

3

4

5

6

7 내 눈이 근심으로 말미암아 쇠하며 내 모든 대적으로 말미암아 어두워졌나이다

8 악을 행하는 너희는 다 나를 떠나라 여호와께서 내 울음 소리를 들으셨도다

9 여호와께서 내 간구를 들으셨음이여 여호와께서 내 기도를 받으시리로다

10 내 모든 원수들이 부끄러움을 당하고 심히 떪이여 갑자기 부끄러워 물러가리로다

다윗의 식가욘, 베냐민인 구시의 말에 따라
여호와께 드린 노래

7 여호와 내 하나님이여 내가 주께 피하오니 나를 쫓아오는 모든 자들에게서 나를 구원하여 내소서

2 건져낼 자가 없으면 그들이 사자 같이 나를 찢고 뜯을까 하나이다

3 여호와 내 하나님이여 내가 이런 일을 행하였거나 내 손에 죄악이 있거나

4 화친한 자를 악으로 갚았거나 내 대적에게서 까닭 없이 빼앗았거든

5 원수가 나의 영혼을 쫓아 잡아 내 생명을 땅에 짓밟게 하고 내 영광을 먼지 속에 살게 하소서 (셀라)

6 여호와여 진노로 일어나사 내 대적들의 노를 막으시며 나를 위하여 깨소서 주께서 심판을 명령하셨나이다

7 민족들의 모임이 주를 두르게 하시고 그 위 높은 자리에 돌아오소서

8 여호와께서 만민에게 심판을 행하시오니 여호와여 나의 의와 나의 성실함을

7

8

9

10

다윗의 식가욘, 베냐민인 구시의 말에 따라
여호와께 드린 노래

7

2

3

4

5

6

7

8

따라 나를 심판하소서

9 악인의 악을 끊고 의인을 세우소서 의로우신 하나님이 사람의 마음과 양심을 감찰하시나이다

10 나의 방패는 마음이 정직한 자를 구원하시는 하나님께 있도다

11 하나님은 의로우신 재판장이심이여 매일 분노하시는 하나님이시로다

12 사람이 회개하지 아니하면 그가 그의 칼을 가심이여 그의 활을 이미 당기어 예비하셨도다

13 죽일 도구를 또한 예비하심이여 그가 만든 화살은 불화살들이로다

14 악인이 죄악을 낳음이여 재앙을 배어 거짓을 낳았도다

15 그가 웅덩이를 파 만듦이여 제가 만든 함정에 빠졌도다

16 그의 재앙은 자기 머리로 돌아가고 그의 포악은 자기 정수리에 내리리로다

17 내가 여호와께 그의 의를 따라 감사함이여 지존하신 여호와의 이름을 찬양하리로다

다윗의 시, 인도자를 따라 깃딧에 맞춘 노래

8 여호와 우리 주여 주의 이름이 온 땅에 어찌 그리 아름다운지요 주의 영광이 하늘을 덮었나이다

2 주의 대적으로 말미암아 어린 아이들과 젖먹이들의 입으로 권능을 세우심이여 이는 원수들과 보복자들을 잠잠하게

9

10

11

12

13

14

15

16

17

다윗의 시, 인도자를 따라 깃딧에 맞춘 노래

8

2

하려 하심이니이다

3 주의 손가락으로 만드신 주의 하늘과 주께서 베풀어 두신 달과 별들을 내가 보오니

4 사람이 무엇이기에 주께서 그를 생각하시며 인자가 무엇이기에 주께서 그를 돌보시나이까

5 그를 하나님보다 조금 못하게 하시고 영화와 존귀로 관을 씌우셨나이다

6 주의 손으로 만드신 것을 다스리게 하시고 만물을 그의 발 아래 두셨으니

7 곧 모든 소와 양과 들짐승이며

8 공중의 새와 바다의 물고기와 바닷길에 다니는 것이니이다

9 여호와 우리 주여 주의 이름이 온 땅에 어찌 그리 아름다운지요

다윗의 시, 인도자를 따라 뭇랍벤에 맞춘 노래

9 내가 전심으로 여호와께 감사하오며 주의 모든 기이한 일들을 전하리이다

2 내가 주를 기뻐하고 즐거워하며 지존하신 주의 이름을 찬송하리니

3 내 원수들이 물러갈 때에 주 앞에서 넘어져 망함이니이다

4 주께서 나의 의와 송사를 변호하셨으며 보좌에 앉으사 의롭게 심판하셨나이다

5 이방 나라들을 책망하시고 악인을 멸하시며 그들의 이름을 영원히 지우셨나이다

6 원수가 끊어져 영원히 멸망하였사오

3

4

5

6

7

8

9

다윗의 시, 인도자를 따라 뭇랍벤에 맞춘 노래

9

2

3

4

5

6

니 주께서 무너뜨린 성읍들을 기억할 수 없나이다

7 여호와께서 영원히 앉으심이여 심판을 위하여 보좌를 준비하셨도다

8 공의로 세계를 심판하심이여 정직으로 만민에게 판결을 내리시리로다

9 여호와는 압제를 당하는 자의 요새이시요 환난 때의 요새이시로다

10 여호와여 주의 이름을 아는 자는 주를 의지하오리니 이는 주를 찾는 자들을 버리지 아니하심이니이다

11 너희는 시온에 계신 여호와를 찬송하며 그의 행사를 백성 중에 선포할지어다

12 피 흘림을 심문하시는 이가 그들을 기억하심이여 가난한 자의 부르짖음을 잊지 아니하시도다

13 여호와여 내게 은혜를 베푸소서 나를 사망의 문에서 일으키시는 주여 나를 미워하는 자에게서 받는 나의 고통을 보소서

14 그리하시면 내가 주의 찬송을 다 전할 것이요 딸 시온의 문에서 주의 구원을 기뻐하리이다

15 이방 나라들은 자기가 판 웅덩이에 빠짐이여 자기가 숨긴 그물에 자기 발이 걸렸도다

16 여호와께서 자기를 알게 하사 심판을 행하셨음이여 악인은 자기가 손으로 행한 일에 스스로 얽혔도다 (힉가욘, 셀라)

17 악인들이 스올로 돌아감이여 하나님

7

8

9

10

11

12

13

14

15

16

17

을 잊어버린 모든 이방 나라들이 그리하리로다

18 궁핍한 자가 항상 잊어버림을 당하지 아니함이여 가난한 자들이 영원히 실망하지 아니하리로다

19 여호와여 일어나사 인생으로 승리를 얻지 못하게 하시며 이방 나라들이 주 앞에서 심판을 받게 하소서

20 여호와여 그들을 두렵게 하시며 이방 나라들이 자기는 인생일 뿐인 줄 알게 하소서 (셀라)

10 여호와여 어찌하여 멀리 서시며 어찌하여 환난 때에 숨으시나이까

2 악한 자가 교만하여 가련한 자를 심히 압박하오니 그들이 자기가 베푼 꾀에 빠지게 하소서

3 악인은 그의 마음의 욕심을 자랑하며 탐욕을 부리는 자는 여호와를 배반하여 멸시하나이다

4 악인은 그의 교만한 얼굴로 말하기를 여호와께서 이를 감찰하지 아니하신다 하며 그의 모든 사상에 하나님이 없다 하나이다

5 그의 길은 언제든지 견고하고 주의 심판은 높아서 그에게 미치지 못하오니 그는 그의 모든 대적들을 멸시하며

6 그의 마음에 이르기를 나는 흔들리지 아니하며 대대로 환난을 당하지 아니하리라 하나이다

7 그의 입에는 저주와 거짓과 포악이 충

18

19

20

10

2

3

4

5

6

7

만하며 그의 혀 밑에는 잔해와 죄악이 있나이다

8 그가 마을 구석진 곳에 앉으며 그 은밀한 곳에서 무죄한 자를 죽이며 그의 눈은 가련한 자를 엿보나이다

9 사자가 자기의 굴에 엎드림 같이 그가 은밀한 곳에 엎드려 가련한 자를 잡으려고 기다리며 자기 그물을 끌어당겨 가련한 자를 잡나이다

10 그가 구푸려 엎드리니 그의 포악으로 말미암아 가련한 자들이 넘어지나이다

11 그가 그의 마음에 이르기를 하나님이 잊으셨고 그의 얼굴을 가리셨으니 영원히 보지 아니하시리라 하나이다

12 여호와여 일어나옵소서 하나님이여 손을 드옵소서 가난한 자들을 잊지 마옵소서

13 어찌하여 악인이 하나님을 멸시하여 그의 마음에 이르기를 주는 감찰하지 아니하리라 하나이까

14 주께서는 보셨나이다 주는 재앙과 원한을 감찰하시고 주의 손으로 갚으려 하시오니 외로운 자가 주를 의지하나이다 주는 벌써부터 고아를 도우시는 이시니이다

15 악인의 팔을 꺾으소서 악한 자의 악을 더 이상 찾아낼 수 없을 때까지 찾으소서

16 여호와께서는 영원무궁하도록 왕이시니 이방 나라들이 주의 땅에서 멸망하였나이다

8

9

10

11

12

13

14

15

16

17 **여호와여 주는 겸손한 자의 소원을 들으셨사오니 그들의 마음을 준비하시며 귀를 기울여 들으시고**

18 **고아와 압제 당하는 자를 위하여 심판하사 세상에 속한 자가 다시는 위협하지 못하게 하시리이다**

다윗의 시, 인도자를 따라 부르는 노래

11 **내가 여호와께 피하였거늘 너희가 내 영혼에게 새 같이 네 산으로 도망하라 함은 어찌함인가**

2 **악인이 활을 당기고 화살을 시위에 먹임이여 마음이 바른 자를 어두운 데서 쏘려 하는도다**

3 **터가 무너지면 의인이 무엇을 하랴**

4 **여호와께서는 그의 성전에 계시고 여호와의 보좌는 하늘에 있음이여 그의 눈이 인생을 통촉하시고 그의 안목이 그들을 감찰하시도다**

5 **여호와는 의인을 감찰하시고 악인과 폭력을 좋아하는 자를 마음에 미워하시도다**

6 **악인에게 그물을 던지시리니 불과 유황과 태우는 바람이 그들의 잔의 소득이 되리로다**

7 **여호와는 의로우사 의로운 일을 좋아하시나니 정직한 자는 그의 얼굴을 뵈오리로다**

다윗의 시, 인도자를 따라 여덟째 줄에 맞춘 노래

17

18

다윗의 시, 인도자를 따라 부르는 노래

11

2

3

4

5

6

7

다윗의 시, 인도자를 따라 여덟째 줄에 맞춘 노래

12 여호와여 도우소서 경건한 자가 끊어지며 충실한 자들이 인생 중에 없어지나이다

2 그들이 이웃에게 각기 거짓을 말함이여 아첨하는 입술과 두 마음으로 말하는도다

3 여호와께서 모든 아첨하는 입술과 자랑하는 혀를 끊으시리니

4 그들이 말하기를 우리의 혀가 이기리라 우리 입술은 우리 것이니 우리를 주관할 자 누구리요 함이로다

5 여호와의 말씀에 가련한 자들의 눌림과 궁핍한 자들의 탄식으로 말미암아 내가 이제 일어나 그를 그가 원하는 안전한 지대에 두리라 하시도다

6 여호와의 말씀은 순결함이여 흙 도가니에 일곱 번 단련한 은 같도다

7 여호와여 그들을 지키사 이 세대로부터 영원까지 보존하시리이다

8 비열함이 인생 중에 높임을 받는 때에 악인들이 곳곳에서 날뛰는도다

다윗의 시, 인도자를 따라 부르는 노래

13 여호와여 어느 때까지니이까 나를 영원히 잊으시나이까 주의 얼굴을 나에게서 어느 때까지 숨기시겠나이까

2 나의 영혼이 번민하고 종일토록 마음에 근심하기를 어느 때까지 하오며 내 원수가 나를 치며 자랑하기를 어느 때까지 하리이까

12

2

3

4

5

6

7

8

다윗의 시, 인도자를 따라 부르는 노래

13

2

3 여호와 내 하나님이여 나를 생각하사 응답하시고 나의 눈을 밝히소서 두렵건대 내가 사망의 잠을 잘까 하오며

4 두렵건대 나의 원수가 이르기를 내가 그를 이겼다 할까 하오며 내가 흔들릴 때에 나의 대적들이 기뻐할까 하나이다

5 나는 오직 주의 사랑을 의지하였사오니 나의 마음은 주의 구원을 기뻐하리이다

6 내가 여호와를 찬송하리니 이는 주께서 내게 은덕을 베푸심이로다

다윗의 시, 인도자를 따라 부르는 노래

14 어리석은 자는 그의 마음에 이르기를 하나님이 없다 하는도다 그들은 부패하고 그 행실이 가증하니 선을 행하는 자가 없도다

2 여호와께서 하늘에서 인생을 굽어살피사 지각이 있어 하나님을 찾는 자가 있는가 보려 하신즉

3 다 치우쳐 함께 더러운 자가 되고 선을 행하는 자가 없으니 하나도 없도다

4 죄악을 행하는 자는 다 무지하냐 그들이 떡 먹듯이 내 백성을 먹으면서 여호와를 부르지 아니하는도다

5 그러나 거기서 그들은 두려워하고 두려워하였으니 하나님이 의인의 세대에 계심이로다

6 너희가 가난한 자의 계획을 부끄럽게 하나 오직 여호와는 그의 피난처가 되시도다

3

4

5

6

다윗의 시, 인도자를 따라 부르는 노래

14

2

3

4

5

6

7 이스라엘의 구원이 시온에서 나오기를 원하도다 여호와께서 그의 백성을 포로된 곳에서 돌이키실 때에 야곱이 즐거워하고 이스라엘이 기뻐하리로다

다윗의 시

15 여호와여 주의 장막에 머무를 자 누구오며 주의 성산에 사는 자 누구오니이까

2 정직하게 행하며 공의를 실천하며 그의 마음에 진실을 말하며

3 그의 혀로 남을 허물하지 아니하고 그의 이웃에게 악을 행하지 아니하며 그의 이웃을 비방하지 아니하며

4 그의 눈은 망령된 자를 멸시하며 여호와를 두려워하는 자들을 존대하며 그의 마음에 서원한 것은 해로울지라도 변하지 아니하며

5 이자를 받으려고 돈을 꾸어 주지 아니하며 뇌물을 받고 무죄한 자를 해하지 아니하는 자이니 이런 일을 행하는 자는 영원히 흔들리지 아니하리이다

다윗의 믹담

16 하나님이여 나를 지켜 주소서 내가 주께 피하나이다

2 내가 여호와께 아뢰되 주는 나의 주님이시오니 주 밖에는 나의 복이 없다 하였나이다

3 땅에 있는 성도들은 존귀한 자들이니 나의 모든 즐거움이 그들에게 있도다

7

다윗의 시

15

2

3

4

5

다윗의 믹담

16

2

3

4 다른 신에게 예물을 드리는 자는 괴로움이 더할 것이라 나는 그들이 드리는 피의 전제를 드리지 아니하며 내 입술로 그 이름도 부르지 아니하리로다

5 여호와는 나의 산업과 나의 잔의 소득이시니 나의 분깃을 지키시나이다

6 내게 줄로 재어 준 구역은 아름다운 곳에 있음이여 나의 기업이 실로 아름답도다

7 나를 훈계하신 여호와를 송축할지라 밤마다 내 양심이 나를 교훈하도다

8 내가 여호와를 항상 내 앞에 모심이여 그가 나의 오른쪽에 계시므로 내가 흔들리지 아니하리로다

9 이러므로 나의 마음이 기쁘고 나의 영도 즐거워하며 내 육체도 안전히 살리니

10 이는 주께서 내 영혼을 스올에 버리지 아니하시며 주의 거룩한 자를 멸망시키지 않으실 것임이니이다

11 주께서 생명의 길을 내게 보이시리니 주의 앞에는 충만한 기쁨이 있고 주의 오른쪽에는 영원한 즐거움이 있나이다

다윗의 기도

17 여호와여 의의 호소를 들으소서 나의 울부짖음에 주의하소서 거짓 되지 아니한 입술에서 나오는 나의 기도에 귀를 기울이소서

2 주께서 나를 판단하시며 주의 눈으로 공평함을 살피소서

3 주께서 내 마음을 시험하시고 밤에 내

4

5

6

7

8

9

10

11

다윗의 기도

17

2

3

게 오시어서 나를 감찰하셨으나 흠을 찾지 못하셨사오니 내가 결심하고 입으로 범죄하지 아니하리이다

4 사람의 행사로 논하면 나는 주의 입술의 말씀을 따라 스스로 삼가서 포악한 자의 길을 가지 아니하였사오며

5 나의 걸음이 주의 길을 굳게 지키고 실족하지 아니하였나이다

6 하나님이여 내게 응답하시겠으므로 내가 불렀사오니 내게 귀를 기울여 내 말을 들으소서

7 주께 피하는 자들을 그 일어나 치는 자들에게서 오른손으로 구원하시는 주여 주의 기이한 사랑을 나타내소서

8 나를 눈동자 같이 지키시고 주의 날개 그늘 아래에 감추사

9 내 앞에서 나를 압제하는 악인들과 나의 목숨을 노리는 원수들에게서 벗어나게 하소서

10 그들의 마음은 기름에 잠겼으며 그들의 입은 교만하게 말하나이다

11 이제 우리가 걸어가는 것을 그들이 에워싸서 노려보고 땅에 넘어뜨리려 하나이다

12 그는 그 움킨 것을 찢으려 하는 사자 같으며 은밀한 곳에 엎드린 젊은 사자 같으니이다

13 여호와여 일어나 그를 대항하여 넘어뜨리시고 주의 칼로 악인에게서 나의 영혼을 구원하소서

4

5

6

7

8

9

10

11

12

13

14 **여호와여 이 세상에 살아 있는 동안 그들의 분깃을 받은 사람들에게서 주의 손으로 나를 구하소서 그들은 주의 재물로 배를 채우고 자녀로 만족하고 그들의 남은 산업을 그들의 어린 아이들에게 물려주는 자니이다**

15 **나는 의로운 중에 주의 얼굴을 뵈오리니 깰 때에 주의 형상으로 만족하리이다**

여호와의 종 다윗의 시, 인도자를 따라 부르는 노래,
여호와께서 다윗을 그 모든 원수들의 손에서와 사울의
손에서 건져 주신 날에 다윗이 이 노래의 말로
여호와께 아뢰어 이르되

18 **나의 힘이신 여호와여 내가 주를 사랑하나이다**

2 **여호와는 나의 반석이시요 나의 요새시요 나를 건지시는 이시요 나의 하나님이시요 내가 그 안에 피할 나의 바위시요 나의 방패시요 나의 구원의 뿔이시요 나의 산성이시로다**

3 **내가 찬송 받으실 여호와께 아뢰리니 내 원수들에게서 구원을 얻으리로다**

4 **사망의 줄이 나를 얽고 불의의 창수가 나를 두렵게 하였으며**

5 **스올의 줄이 나를 두르고 사망의 올무가 내게 이르렀도다**

6 **내가 환난 중에서 여호와께 아뢰며 나의 하나님께 부르짖었더니 그가 그의 성전에서 내 소리를 들으심이여 그의 앞에서 나의 부르짖음이 그의 귀에 들렸도다**

7 **이에 땅이 진동하고 산들의 터도 요동**

14

15

여호와의 종 다윗의 시, 인도자를 따라 부르는 노래, 여호와께서 다윗을 그 모든 원수들의 손에서와 사울의 손에서 건져 주신 날에 다윗이 이 노래의 말로 여호와께 아뢰어 이르되

18

2

3

4

5

6

7

하였으니 그의 진노로 말미암음이로다

8 그의 코에서 연기가 오르고 입에서 불이 나와 사름이여 그 불에 숯이 피었도다

9 그가 또 하늘을 드리우시고 강림하시니 그의 발 아래는 어두캄캄하도다

10 그룹을 타고 다니심이여 바람 날개를 타고 높이 솟아오르셨도다

11 그가 흑암을 그의 숨는 곳으로 삼으사 장막 같이 자기를 두르게 하심이여 곧 물의 흑암과 공중의 빽빽한 구름으로 그리하시도다

12 그 앞에 광채로 말미암아 빽빽한 구름이 지나며 우박과 숯불이 내리도다

13 여호와께서 하늘에서 우렛소리를 내시고 지존하신 이가 음성을 내시며 우박과 숯불을 내리시도다

14 그의 화살을 날려 그들을 흩으심이여 많은 번개로 그들을 깨뜨리셨도다

15 이럴 때에 여호와의 꾸지람과 콧김으로 말미암아 물 밑이 드러나고 세상의 터가 나타났도다

16 그가 높은 곳에서 손을 펴사 나를 붙잡아 주심이여 많은 물에서 나를 건져내셨도다

17 나를 강한 원수와 미워하는 자에게서 건지셨음이여 그들은 나보다 힘이 세기 때문이로다

18 그들이 나의 재앙의 날에 내게 이르렀으나 여호와께서 나의 의지가 되셨도다

8

9

10

11

12

13

14

15

16

17

18

19 나를 넓은 곳으로 인도하시고 나를 기뻐하시므로 나를 구원하셨도다	19
20 여호와께서 내 의를 따라 상 주시며 내 손의 깨끗함을 따라 내게 갚으셨으니	20
21 이는 내가 여호와의 도를 지키고 악하게 내 하나님을 떠나지 아니하였으며	21
22 그의 모든 규례가 내 앞에 있고 내게서 그의 율례를 버리지 아니하였음이로다	22
23 또한 나는 그의 앞에 완전하여 나의 죄악에서 스스로 자신을 지켰나니	23
24 그러므로 여호와께서 내 의를 따라 갚으시되 그의 목전에서 내 손이 깨끗한 만큼 내게 갚으셨도다	24
25 자비로운 자에게는 주의 자비로우심을 나타내시며 완전한 자에게는 주의 완전하심을 보이시며	25
26 깨끗한 자에게는 주의 깨끗하심을 보이시며 사악한 자에게는 주의 거스르심을 보이시리니	26
27 주께서 곤고한 백성은 구원하시고 교만한 눈은 낮추시리이다	27
28 주께서 나의 등불을 켜심이여 여호와 내 하나님이 내 흑암을 밝히시리이다	28
29 내가 주를 의뢰하고 적군을 향해 달리며 내 하나님을 의지하고 담을 뛰어넘나이다	29
30 하나님의 도는 완전하고 여호와의 말씀은 순수하니 그는 자기에게 피하는 모든 자의 방패시로다	30

31 여호와 외에 누가 하나님이며 우리 하나님 외에 누가 반석이냐

32 이 하나님이 힘으로 내게 띠 띠우시며 내 길을 완전하게 하시며

33 나의 발을 암사슴 발 같게 하시며 나를 나의 높은 곳에 세우시며

34 내 손을 가르쳐 싸우게 하시니 내 팔이 놋 활을 당기도다

35 또 주께서 주의 구원하는 방패를 내게 주시며 주의 오른손이 나를 붙들고 주의 온유함이 나를 크게 하셨나이다

36 내 걸음을 넓게 하셨고 나를 실족하지 않게 하셨나이다

37 내가 내 원수를 뒤쫓아가리니 그들이 망하기 전에는 돌아서지 아니하리이다

38 내가 그들을 쳐서 능히 일어나지 못하게 하리니 그들이 내 발 아래에 엎드러지리이다

39 주께서 나를 전쟁하게 하려고 능력으로 내게 띠 띠우사 일어나 나를 치는 자들이 내게 굴복하게 하셨나이다

40 또 주께서 내 원수들에게 등을 내게로 향하게 하시고 나를 미워하는 자들을 내가 끊어 버리게 하셨나이다

41 그들이 부르짖으나 구원할 자가 없었고 여호와께 부르짖어도 그들에게 대답하지 아니하셨나이다

42 내가 그들을 바람 앞에 티끌 같이 부서뜨리고 거리의 진흙 같이 쏟아 버렸나이다

31

32

33

34

35

36

37

38

39

40

41

42

43 주께서 나를 백성의 다툼에서 건지시고 여러 민족의 으뜸으로 삼으셨으니 내가 알지 못하는 백성이 나를 섬기리이다

44 그들이 내 소문을 들은 즉시로 내게 청종함이여 이방인들이 내게 복종하리로다

45 이방 자손들이 쇠잔하여 그 견고한 곳에서 떨며 나오리로다

46 여호와는 살아 계시니 나의 반석을 찬송하며 내 구원의 하나님을 높일지로다

47 이 하나님이 나를 위하여 보복해 주시고 민족들이 내게 복종하게 해 주시도다

48 주께서 나를 내 원수들에게서 구조하시니 주께서 나를 대적하는 자들의 위에 나를 높이 드시고 나를 포악한 자에게서 건지시나이다

49 여호와여 이러므로 내가 이방 나라들 중에서 주께 감사하며 주의 이름을 찬송하리이다

50 여호와께서 그 왕에게 큰 구원을 주시며 기름 부음 받은 자에게 인자를 베푸심이여 영원토록 다윗과 그 후손에게로다

다윗의 시, 인도자를 따라 부르는 노래

19 하늘이 하나님의 영광을 선포하고 궁창이 그의 손으로 하신 일을 나타내는도다

2 날은 날에게 말하고 밤은 밤에게 지식을 전하니

3 언어도 없고 말씀도 없으며 들리는 소리도 없으나

43

44

45

46

47

48

49

50

다윗의 시, 인도자를 따라 부르는 노래

19

2

3

4 그의 소리가 온 땅에 통하고 그의 말씀이 세상 끝까지 이르도다 하나님이 해를 위하여 하늘에 장막을 베푸셨도다

5 해는 그의 신방에서 나오는 신랑과 같고 그의 길을 달리기 기뻐하는 장사 같아서

6 하늘 이 끝에서 나와서 하늘 저 끝까지 운행함이여 그의 열기에서 피할 자가 없도다

7 여호와의 율법은 완전하여 영혼을 소성시키며 여호와의 증거는 확실하여 우둔한 자를 지혜롭게 하며

8 여호와의 교훈은 정직하여 마음을 기쁘게 하고 여호와의 계명은 순결하여 눈을 밝게 하시도다

9 여호와를 경외하는 도는 정결하여 영원까지 이르고 여호와의 법도 진실하여 다 의로우니

10 금 곧 많은 순금보다 더 사모할 것이며 꿀과 송이꿀보다 더 달도다

11 또 주의 종이 이것으로 경고를 받고 이것을 지킴으로 상이 크니이다

12 자기 허물을 능히 깨달을 자 누구리요 나를 숨은 허물에서 벗어나게 하소서

13 또 주의 종에게 고의로 죄를 짓지 말게 하사 그 죄가 나를 주장하지 못하게 하소서 그리하면 내가 정직하여 큰 죄과에서 벗어나겠나이다

14 나의 반석이시요 나의 구속자이신 여호와여 내 입의 말과 마음의 묵상이 주님

4

5

6

7

8

9

10

11

12

13

14

앞에 열납되기를 원하나이다

다윗의 시, 인도자를 따라 부르는 노래

20 **환난 날에 여호와께서 네게 응답하시고 야곱의 하나님의 이름이 너를 높이 드시며**

2 **성소에서 너를 도와 주시고 시온에서 너를 붙드시며**

3 **네 모든 소제를 기억하시며 네 번제를 받아 주시기를 원하노라 (셀라)**

4 **네 마음의 소원대로 허락하시고 네 모든 계획을 이루어 주시기를 원하노라**

5 **우리가 너의 승리로 말미암아 개가를 부르며 우리 하나님의 이름으로 우리의 깃발을 세우리니 여호와께서 네 모든 기도를 이루어 주시기를 원하노라**

6 **여호와께서 자기에게 기름 부음 받은 자를 구원하시는 줄 이제 내가 아노니 그의 오른손의 구원하는 힘으로 그의 거룩한 하늘에서 그에게 응답하시리로다**

7 **어떤 사람은 병거, 어떤 사람은 말을 의지하나 우리는 여호와 우리 하나님의 이름을 자랑하리로다**

8 **그들은 비틀거리며 엎드러지고 우리는 일어나 바로 서도다**

9 **여호와여 왕을 구원하소서 우리가 부를 때에 우리에게 응답하소서**

다윗의 시, 인도자를 따라 부르는 노래

21 **여호와여 왕이 주의 힘으로 말미암아 기뻐하며 주의 구원으로 말미암**

다윗의 시, 인도자를 따라 부르는 노래

20

2

3

4

5

6

7

8

9

다윗의 시, 인도자를 따라 부르는 노래

21

아 크게 즐거워하리이다

2 그의 마음의 소원을 들어 주셨으며 그의 입술의 요구를 거절하지 아니하셨나이다 (셀라)

3 주의 아름다운 복으로 그를 영접하시고 순금 관을 그의 머리에 씌우셨나이다

4 그가 생명을 구하매 주께서 그에게 주셨으니 곧 영원한 장수로소이다

5 주의 구원이 그의 영광을 크게 하시고 존귀와 위엄을 그에게 입히시나이다

6 그가 영원토록 지극한 복을 받게 하시며 주 앞에서 기쁘고 즐겁게 하시나이다

7 왕이 여호와를 의지하오니 지존하신 이의 인자함으로 흔들리지 아니하리이다

8 왕의 손이 왕의 모든 원수들을 찾아냄이여 왕의 오른손이 왕을 미워하는 자들을 찾아내리로다

9 왕이 노하실 때에 그들을 풀무불 같게 할 것이라 여호와께서 진노하사 그들을 삼키시리니 불이 그들을 소멸하리로다

10 왕이 그들의 후손을 땅에서 멸함이여 그들의 자손을 사람 중에서 끊으리로다

11 비록 그들이 왕을 해하려 하여 음모를 꾸몄으나 이루지 못하도다

12 왕이 그들로 돌아서게 함이여 그들의 얼굴을 향하여 활시위를 당기리로다

13 여호와여 주의 능력으로 높임을 받으소서 우리가 주의 권능을 노래하고 찬송하게 하소서

2

3

4

5

6

7

8

9

10

11

12

13

다윗의 시, 인도자를 따라 아얠렛샤할에 맞춘 노래

22 내 하나님이여 내 하나님이여 어찌 나를 버리셨나이까 어찌 나를 멀리 하여 돕지 아니하시오며 내 신음 소리를 듣지 아니하시나이까

2 내 하나님이여 내가 낮에도 부르짖고 밤에도 잠잠하지 아니하오나 응답하지 아니하시나이다

3 이스라엘의 찬송 중에 계시는 주여 주는 거룩하시니이다

4 우리 조상들이 주께 의뢰하고 의뢰하였으므로 그들을 건지셨나이다

5 그들이 주께 부르짖어 구원을 얻고 주께 의뢰하여 수치를 당하지 아니하였나이다

6 나는 벌레요 사람이 아니라 사람의 비방거리요 백성의 조롱거리니이다

7 나를 보는 자는 다 나를 비웃으며 입술을 비쭉거리고 머리를 흔들며 말하되

8 그가 여호와께 의탁하니 구원하실 걸, 그를 기뻐하시니 건지실 걸 하나이다

9 오직 주께서 나를 모태에서 나오게 하시고 내 어머니의 젖을 먹을 때에 의지하게 하셨나이다

10 내가 날 때부터 주께 맡긴 바 되었고 모태에서 나올 때부터 주는 나의 하나님이 되셨나이다

11 나를 멀리 하지 마옵소서 환난이 가까우나 도울 자 없나이다

12 많은 황소가 나를 에워싸며 바산의 힘

다윗의 시, 인도자를 따라 아얠렛샤할에 맞춘 노래

22

2

3

4

5

6

7

8

9

10

11

12

센 소들이 나를 둘러쌌으며	
13 내게 그 입을 벌림이 찢으며 부르짖는 사자 같으니이다	13
14 나는 물 같이 쏟아졌으며 내 모든 뼈는 어그러졌으며 내 마음은 밀랍 같아서 내 속에서 녹았으며	14
15 내 힘이 말라 질그릇 조각 같고 내 혀가 입천장에 붙었나이다 주께서 또 나를 죽음의 진토 속에 두셨나이다	15
16 개들이 나를 에워쌌으며 악한 무리가 나를 둘러 내 수족을 찔렀나이다	16
17 내가 내 모든 뼈를 셀 수 있나이다 그들이 나를 주목하여 보고	17
18 내 겉옷을 나누며 속옷을 제비 뽑나이다	18
19 여호와여 멀리 하지 마옵소서 나의 힘이시여 속히 나를 도우소서	19
20 내 생명을 칼에서 건지시며 내 유일한 것을 개의 세력에서 구하소서	20
21 나를 사자의 입에서 구하소서 주께서 내게 응답하시고 들소의 뿔에서 구원하셨나이다	21
22 내가 주의 이름을 형제에게 선포하고 회중 가운데에서 주를 찬송하리이다	22
23 여호와를 두려워하는 너희여 그를 찬송할지어다 야곱의 모든 자손이여 그에게 영광을 돌릴지어다 너희 이스라엘 모든 자손이여 그를 경외할지어다	23
24 그는 곤고한 자의 곤고를 멸시하거나 싫어하지 아니하시며 그의 얼굴을 그에	24

게서 숨기지 아니하시고 그가 울부짖을 때에 들으셨도다

25 큰 회중 가운데에서 나의 찬송은 주께로부터 온 것이니 주를 경외하는 자 앞에서 나의 서원을 갚으리이다

26 겸손한 자는 먹고 배부를 것이며 여호와를 찾는 자는 그를 찬송할 것이라 너희 마음은 영원히 살지어다

27 땅의 모든 끝이 여호와를 기억하고 돌아오며 모든 나라의 모든 족속이 주의 앞에 예배하리니

28 나라는 여호와의 것이요 여호와는 모든 나라의 주재심이로다

29 세상의 모든 풍성한 자가 먹고 경배할 것이요 진토 속으로 내려가는 자 곧 자기 영혼을 살리지 못할 자도 다 그 앞에 절하리로다

30 후손이 그를 섬길 것이요 대대에 주를 전할 것이며

31 와서 그의 공의를 태어날 백성에게 전함이여 주께서 이를 행하셨다 할 것이로다

다윗의 시

23

여호와는 나의 목자시니 내게 부족함이 없으리로다

2 그가 나를 푸른 풀밭에 누이시며 쉴 만한 물 가로 인도하시는도다

3 내 영혼을 소생시키시고 자기 이름을 위하여 의의 길로 인도하시는도다

4 내가 사망의 음침한 골짜기로 다닐지

25

26

27

28

29

30

31

다윗의 시

23

2

3

4

라도 해를 두려워하지 않을 것은 주께서 나와 함께 하심이라 주의 지팡이와 막대기가 나를 안위하시나이다

5 주께서 내 원수의 목전에서 내게 상을 차려 주시고 기름을 내 머리에 부으셨으니 내 잔이 넘치나이다

6 내 평생에 선하심과 인자하심이 반드시 나를 따르리니 내가 여호와의 집에 영원히 살리로다

다윗의 시

24 땅과 거기에 충만한 것과 세계와 그 가운데에 사는 자들은 다 여호와의 것이로다

2 여호와께서 그 터를 바다 위에 세우심이여 강들 위에 건설하셨도다

3 여호와의 산에 오를 자가 누구며 그의 거룩한 곳에 설 자가 누구인가

4 곧 손이 깨끗하며 마음이 청결하며 뜻을 허탄한 데에 두지 아니하며 거짓 맹세하지 아니하는 자로다

5 그는 여호와께 복을 받고 구원의 하나님께 의를 얻으리니

6 이는 여호와를 찾는 족속이요 야곱의 하나님의 얼굴을 구하는 자로다 (셀라)

7 문들아 너희 머리를 들지어다 영원한 문들아 들릴지어다 영광의 왕이 들어가시리로다

8 영광의 왕이 누구시냐 강하고 능한 여호와시요 전쟁에 능한 여호와시로다

5

6

다윗의 시

24

2

3

4

5

6

7

8

9 문들아 너희 머리를 들지어다 영원한 문들아 들릴지어다 영광의 왕이 들어가시리로다

10 영광의 왕이 누구시냐 만군의 여호와께서 곧 영광의 왕이시로다 (셀라)

다윗의 시

25 여호와여 나의 영혼이 주를 우러러보나이다

2 나의 하나님이여 내가 주께 의지하였사오니 나를 부끄럽지 않게 하시고 나의 원수들이 나를 이겨 개가를 부르지 못하게 하소서

3 주를 바라는 자들은 수치를 당하지 아니하려니와 까닭 없이 속이는 자들은 수치를 당하리이다

4 여호와여 주의 도를 내게 보이시고 주의 길을 내게 가르치소서

5 주의 진리로 나를 지도하시고 교훈하소서 주는 내 구원의 하나님이시니 내가 종일 주를 기다리나이다

6 여호와여 주의 긍휼하심과 인자하심이 영원부터 있었사오니 주여 이것들을 기억하옵소서

7 여호와여 내 젊은 시절의 죄와 허물을 기억하지 마시고 주의 인자하심을 따라 주께서 나를 기억하시되 주의 선하심으로 하옵소서

8 여호와는 선하시고 정직하시니 그러므로 그의 도로 죄인들을 교훈하시리로다

9

10

다윗의 시

25

2

3

4

5

6

7

8

9 온유한 자를 정의로 지도하심이여 온유한 자에게 그의 도를 가르치시리로다	9
10 여호와의 모든 길은 그의 언약과 증거를 지키는 자에게 인자와 진리로다	10
11 여호와여 나의 죄악이 크오니 주의 이름으로 말미암아 사하소서	11
12 여호와를 경외하는 자 누구냐 그가 택할 길을 그에게 가르치시리로다	12
13 그의 영혼은 평안히 살고 그의 자손은 땅을 상속하리로다	13
14 여호와의 친밀하심이 그를 경외하는 자들에게 있음이여 그의 언약을 그들에게 보이시리로다	14
15 내 눈이 항상 여호와를 바라봄은 내 발을 그물에서 벗어나게 하실 것임이로다	15
16 주여 나는 외롭고 괴로우니 내게 돌이키사 나에게 은혜를 베푸소서	16
17 내 마음의 근심이 많사오니 나를 고난에서 끌어내소서	17
18 나의 곤고와 환난을 보시고 내 모든 죄를 사하소서	18
19 내 원수를 보소서 그들의 수가 많고 나를 심히 미워하나이다	19
20 내 영혼을 지켜 나를 구원하소서 내가 주께 피하오니 수치를 당하지 않게 하소서	20
21 내가 주를 바라오니 성실과 정직으로 나를 보호하소서	21
22 하나님이여 이스라엘을 그 모든 환난에서 속량하소서	22

다윗의 시

26 내가 나의 완전함에 행하였사오며 흔들리지 아니하고 여호와를 의지하였사오니 여호와여 나를 판단하소서

2 여호와여 나를 살피시고 시험하사 내 뜻과 내 양심을 단련하소서

3 주의 인자하심이 내 목전에 있나이다 내가 주의 진리 중에 행하여

4 허망한 사람과 같이 앉지 아니하였사오니 간사한 자와 동행하지도 아니하리이다

5 내가 행악자의 집회를 미워하오니 악한 자와 같이 앉지 아니하리이다

6 여호와여 내가 무죄하므로 손을 씻고 주의 제단에 두루 다니며

7 감사의 소리를 들려 주고 주의 기이한 모든 일을 말하리이다

8 여호와여 내가 주께서 계신 집과 주의 영광이 머무는 곳을 사랑하오니

9 내 영혼을 죄인과 함께, 내 생명을 살인자와 함께 거두지 마소서

10 그들의 손에 사악함이 있고 그들의 오른손에 뇌물이 가득하오나

11 나는 나의 완전함에 행하오리니 나를 속량하시고 내게 은혜를 베푸소서

12 내 발이 평탄한 데에 섰사오니 무리 가운데에서 여호와를 송축하리이다

다윗의 시

다윗의 시

26

2

3

4

5

6

7

8

9

10

11

12

다윗의 시

27 여호와는 나의 빛이요 나의 구원이시니 내가 누구를 두려워하리요 여호와는 내 생명의 능력이시니 내가 누구를 무서워하리요

2 악인들이 내 살을 먹으려고 내게로 왔으나 나의 대적들, 나의 원수들인 그들은 실족하여 넘어졌도다

3 군대가 나를 대적하여 진 칠지라도 내 마음이 두렵지 아니하며 전쟁이 일어나 나를 치려 할지라도 나는 여전히 태연하리로다

4 내가 여호와께 바라는 한 가지 일 그것을 구하리니 곧 내가 내 평생에 여호와의 집에 살면서 여호와의 아름다움을 바라보며 그의 성전에서 사모하는 그것이라

5 여호와께서 환난 날에 나를 그의 초막 속에 비밀히 지키시고 그의 장막 은밀한 곳에 나를 숨기시며 높은 바위 위에 두시리로다

6 이제 내 머리가 나를 둘러싼 내 원수 위에 들리리니 내가 그의 장막에서 즐거운 제사를 드리겠고 노래하며 여호와를 찬송하리로다

7 여호와여 내가 소리 내어 부르짖을 때에 들으시고 또한 나를 긍휼히 여기사 응답하소서

8 너희는 내 얼굴을 찾으라 하실 때에 내가 마음으로 주께 말하되 여호와여 내가 주의 얼굴을 찾으리이다 하였나이다

9 주의 얼굴을 내게서 숨기지 마시고 주

27

2

3

4

5

6

7

8

9

의 종을 노하여 버리지 마소서 주는 나의 도움이 되셨나이다 나의 구원의 하나님이시여 나를 버리지 마시고 떠나지 마소서

10 내 부모는 나를 버렸으나 여호와는 나를 영접하시리이다

11 여호와여 주의 도를 내게 가르치시고 내 원수를 생각하셔서 평탄한 길로 나를 인도하소서

12 내 생명을 내 대적에게 맡기지 마소서 위증자와 악을 토하는 자가 일어나 나를 치려 함이니이다

13 내가 산 자들의 땅에서 여호와의 선하심을 보게 될 줄 확실히 믿었도다

14 너는 여호와를 기다릴지어다 강하고 담대하며 여호와를 기다릴지어다

다윗의 시

28 여호와여 내가 주께 부르짖으오니 나의 반석이여 내게 귀를 막지 마소서 주께서 내게 잠잠하시면 내가 무덤에 내려가는 자와 같을까 하나이다

2 내가 주의 지성소를 향하여 나의 손을 들고 주께 부르짖을 때에 나의 간구하는 소리를 들으소서

3 악인과 악을 행하는 자들과 함께 나를 끌어내지 마옵소서 그들은 그 이웃에게 화평을 말하나 그들의 마음에는 악독이 있나이다

4 그들이 하는 일과 그들의 행위가 악한 대로 갚으시며 그들의 손이 지은 대로 그들에게 갚아 그 마땅히 받을 것으로 그들

10

11

12

13

14

다윗의 시

28

2

3

4

에게 갚으소서

5 그들은 여호와께서 행하신 일과 손으로 지으신 것을 생각하지 아니하므로 여호와께서 그들을 파괴하고 건설하지 아니하시리로다

6 여호와를 찬송함이여 내 간구하는 소리를 들으심이로다

7 여호와는 나의 힘과 나의 방패이시니 내 마음이 그를 의지하여 도움을 얻었도다 그러므로 내 마음이 크게 기뻐하며 내 노래로 그를 찬송하리로다

8 여호와는 그들의 힘이시요 그의 기름 부음 받은 자의 구원의 요새이시로다

9 주의 백성을 구원하시며 주의 산업에 복을 주시고 또 그들의 목자가 되시어 영원토록 그들을 인도하소서

다윗의 시

29 너희 권능 있는 자들아 영광과 능력을 여호와께 돌리고 돌릴지어다

2 여호와께 그의 이름에 합당한 영광을 돌리며 거룩한 옷을 입고 여호와께 예배할지어다

3 여호와의 소리가 물 위에 있도다 영광의 하나님이 우렛소리를 내시니 여호와는 많은 물 위에 계시도다

4 여호와의 소리가 힘 있음이여 여호와의 소리가 위엄차도다

5 여호와의 소리가 백향목을 꺾으심이여 여호와께서 레바논 백향목을 꺾어 부

5

6

7

8

9

다윗의 시

29

2

3

4

5

수시도다

6 그 나무를 송아지 같이 뛰게 하심이여 레바논과 시룐으로 들송아지 같이 뛰게 하시도다

7 여호와의 소리가 화염을 가르시도다

8 여호와의 소리가 광야를 진동하심이여 여호와께서 가데스 광야를 진동시키시도다

9 여호와의 소리가 암사슴을 낙태하게 하시고 삼림을 말갛게 벗기시니 그의 성전에서 그의 모든 것들이 말하기를 영광이라 하도다

10 여호와께서 홍수 때에 좌정하셨음이여 여호와께서 영원하도록 왕으로 좌정하시도다

11 여호와께서 자기 백성에게 힘을 주심이여 여호와께서 자기 백성에게 평강의 복을 주시리로다

다윗의 시, 곧 성전 낙성가

30 여호와여 내가 주를 높일 것은 주께서 나를 끌어내사 내 원수로 하여금 나로 말미암아 기뻐하지 못하게 하심이니이다

2 여호와 내 하나님이여 내가 주께 부르짖으매 나를 고치셨나이다

3 여호와여 주께서 내 영혼을 스올에서 끌어내어 나를 살리사 무덤으로 내려가지 아니하게 하셨나이다

4 주의 성도들아 여호와를 찬송하며 그

6

7

8

9

10

11

다윗의 시, 곧 성전 낙성가

30

2

3

4

의 거룩함을 기억하며 감사하라

5 그의 노염은 잠깐이요 그의 은총은 평생이로다 저녁에는 울음이 깃들일지라도 아침에는 기쁨이 오리로다

6 내가 형통할 때에 말하기를 영원히 흔들리지 아니하리라 하였도다

7 여호와여 주의 은혜로 나를 산 같이 굳게 세우셨더니 주의 얼굴을 가리시매 내가 근심하였나이다

8 여호와여 내가 주께 부르짖고 여호와께 간구하기를

9 내가 무덤에 내려갈 때에 나의 피가 무슨 유익이 있으리요 진토가 어떻게 주를 찬송하며 주의 진리를 선포하리이까

10 여호와여 들으시고 내게 은혜를 베푸소서 여호와여 나를 돕는 자가 되소서 하였나이다

11 주께서 나의 슬픔이 변하여 내게 춤이 되게 하시며 나의 베옷을 벗기고 기쁨으로 띠 띠우셨나이다

12 이는 잠잠하지 아니하고 내 영광으로 주를 찬송하게 하심이니 여호와 나의 하나님이여 내가 주께 영원히 감사하리이다

다윗의 시, 인도자를 따라 부르는 노래

31 여호와여 내가 주께 피하오니 나를 영원히 부끄럽게 하지 마시고 주의 공의로 나를 건지소서

2 내게 귀를 기울여 속히 건지시고 내게 견고한 바위와 구원하는 산성이 되소서

5

6

7

8

9

10

11

12

다윗의 시, 인도자를 따라 부르는 노래

31

2

3 주는 나의 반석과 산성이시니 그러므로 주의 이름을 생각하셔서 나를 인도하시고 지도하소서

4 그들이 나를 위하여 비밀히 친 그물에서 빼내소서 주는 나의 산성이시니이다

5 내가 나의 영을 주의 손에 부탁하나이다 진리의 하나님 여호와여 나를 속량하셨나이다

6 내가 허탄한 거짓을 숭상하는 자들을 미워하고 여호와를 의지하나이다

7 내가 주의 인자하심을 기뻐하며 즐거워할 것은 주께서 나의 고난을 보시고 환난 중에 있는 내 영혼을 아셨으며

8 나를 원수의 수중에 가두지 아니하셨고 내 발을 넓은 곳에 세우셨음이니이다

9 여호와여 내가 고통 중에 있사오니 내게 은혜를 베푸소서 내가 근심 때문에 눈과 영혼과 몸이 쇠하였나이다

10 내 일생을 슬픔으로 보내며 나의 연수를 탄식으로 보냄이여 내 기력이 나의 죄악 때문에 약하여지며 나의 뼈가 쇠하도소이다

11 내가 모든 대적들 때문에 욕을 당하고 내 이웃에게서는 심히 당하니 내 친구가 놀라고 길에서 보는 자가 나를 피하였나이다

12 내가 잊어버린 바 됨이 죽은 자를 마음에 두지 아니함 같고 깨진 그릇과 같으니이다

13 내가 무리의 비방을 들었으므로 사방이 두려움으로 감싸였나이다 그들이 나

3

4

5

6

7

8

9

10

11

12

13

를 치려고 함께 의논할 때에 내 생명을 빼앗기로 꾀하였나이다

14 여호와여 그러하여도 나는 주께 의지하고 말하기를 주는 내 하나님이시라 하였나이다

15 나의 앞날이 주의 손에 있사오니 내 원수들과 나를 핍박하는 자들의 손에서 나를 건져 주소서

16 주의 얼굴을 주의 종에게 비추시고 주의 사랑하심으로 나를 구원하소서

17 여호와여 내가 주를 불렀사오니 나를 부끄럽게 하지 마시고 악인들을 부끄럽게 하사 스올에서 잠잠하게 하소서

18 교만하고 완악한 말로 무례히 의인을 치는 거짓 입술이 말 못하는 자 되게 하소서

19 주를 두려워하는 자를 위하여 쌓아 두신 은혜 곧 주께 피하는 자를 위하여 인생 앞에 베푸신 은혜가 어찌 그리 큰지요

20 주께서 그들을 주의 은밀한 곳에 숨기사 사람의 꾀에서 벗어나게 하시고 비밀히 장막에 감추사 말 다툼에서 면하게 하시리이다

21 여호와를 찬송할지어다 견고한 성에서 그의 놀라운 사랑을 내게 보이셨음이로다

22 내가 놀라서 말하기를 주의 목전에서 끊어졌다 하였사오나 내가 주께 부르짖을 때에 주께서 나의 간구하는 소리를 들으셨나이다

14

15

16

17

18

19

20

21

22

23 **너희 모든 성도들아 여호와를 사랑하라 여호와께서 진실한 자를 보호하시고 교만하게 행하는 자에게 엄중히 갚으시느니라**

24 **여호와를 바라는 너희들아 강하고 담대하라**

다윗의 마스길

32 **허물의 사함을 받고 자신의 죄가 가려진 자는 복이 있도다**

2 **마음에 간사함이 없고 여호와께 정죄를 당하지 아니하는 자는 복이 있도다**

3 **내가 입을 열지 아니할 때에 종일 신음하므로 내 뼈가 쇠하였도다**

4 **주의 손이 주야로 나를 누르시오니 내 진액이 빠져서 여름 가뭄에 마름 같이 되었나이다 (셀라)**

5 **내가 이르기를 내 허물을 여호와께 자복하리라 하고 주께 내 죄를 아뢰고 내 죄악을 숨기지 아니하였더니 곧 주께서 내 죄악을 사하셨나이다 (셀라)**

6 **이로 말미암아 모든 경건한 자는 주를 만날 기회를 얻어서 주께 기도할지라 진실로 홍수가 범람할지라도 그에게 미치지 못하리이다**

7 **주는 나의 은신처이오니 환난에서 나를 보호하시고 구원의 노래로 나를 두르시리이다 (셀라)**

8 **내가 네 갈 길을 가르쳐 보이고 너를 주목하여 훈계하리로다**

23

24

다윗의 마스길

32

2

3

4

5

6

7

8

9 너희는 무지한 말이나 노새 같이 되지 말지어다 그것들은 재갈과 굴레로 단속하지 아니하면 너희에게 가까이 가지 아니하리로다

10 악인에게는 많은 슬픔이 있으나 여호와를 신뢰하는 자에게는 인자하심이 두르리로다

11 너희 의인들아 여호와를 기뻐하며 즐거워할지어다 마음이 정직한 너희들아 다 즐거이 외칠지어다

33 너희 의인들아 여호와를 즐거워하라 찬송은 정직한 자들이 마땅히 할 바로다

2 수금으로 여호와께 감사하고 열 줄 비파로 찬송할지어다

3 새 노래로 그를 노래하며 즐거운 소리로 아름답게 연주할지어다

4 여호와의 말씀은 정직하며 그가 행하시는 일은 다 진실하시도다

5 그는 공의와 정의를 사랑하심이여 세상에는 여호와의 인자하심이 충만하도다

6 여호와의 말씀으로 하늘이 지음이 되었으며 그 만상을 그의 입 기운으로 이루었도다

7 그가 바닷물을 모아 무더기 같이 쌓으시며 깊은 물을 곳간에 두시도다

8 온 땅은 여호와를 두려워하며 세상의 모든 거민들은 그를 경외할지어다

9 그가 말씀하시매 이루어졌으며 명령

9

10

11

33

2

3

4

5

6

7

8

9

하시매 견고히 섰도다

10 여호와께서 나라들의 계획을 폐하시며 민족들의 사상을 무효하게 하시도다

11 여호와의 계획은 영원히 서고 그의 생각은 대대에 이르리로다

12 여호와를 자기 하나님으로 삼은 나라 곧 하나님의 기업으로 선택된 백성은 복이 있도다

13 여호와께서 하늘에서 굽어보사 모든 인생을 살피심이여

14 곧 그가 거하시는 곳에서 세상의 모든 거민들을 굽어살피시는도다

15 그는 그들 모두의 마음을 지으시며 그들이 하는 일을 굽어살피시는 이로다

16 많은 군대로 구원 얻은 왕이 없으며 용사가 힘이 세어도 스스로 구원하지 못하는도다

17 구원하는 데에 군마는 헛되며 군대가 많다 하여도 능히 구하지 못하는도다

18 여호와는 그를 경외하는 자 곧 그의 인자하심을 바라는 자를 살피사

19 그들의 영혼을 사망에서 건지시며 그들이 굶주릴 때에 그들을 살리시는도다

20 우리 영혼이 여호와를 바람이여 그는 우리의 도움과 방패시로다

21 우리 마음이 그를 즐거워함이여 우리가 그의 성호를 의지하였기 때문이로다

22 여호와여 우리가 주께 바라는 대로 주의 인자하심을 우리에게 베푸소서

10

11

12

13

14

15

16

17

18

19

20

21

22

다윗이 아비멜렉 앞에서
미친 체하다가 쫓겨나서 지은 시

34 내가 여호와를 항상 송축함이여 내 입술로 항상 주를 찬양하리이다

2 내 영혼이 여호와를 자랑하리니 곤고한 자들이 이를 듣고 기뻐하리로다

3 나와 함께 여호와를 광대하시다 하며 함께 그의 이름을 높이세

4 내가 여호와께 간구하매 내게 응답하시고 내 모든 두려움에서 나를 건지셨도다

5 그들이 주를 앙망하고 광채를 내었으니 그들의 얼굴은 부끄럽지 아니하리로다

6 이 곤고한 자가 부르짖으매 여호와께서 들으시고 그의 모든 환난에서 구원하셨도다

7 여호와의 천사가 주를 경외하는 자를 둘러 진 치고 그들을 건지시는도다

8 너희는 여호와의 선하심을 맛보아 알지어다 그에게 피하는 자는 복이 있도다

9 너희 성도들아 여호와를 경외하라 그를 경외하는 자에게는 부족함이 없도다

10 젊은 사자는 궁핍하여 주릴지라도 여호와를 찾는 자는 모든 좋은 것에 부족함이 없으리로다

11 너희 자녀들아 와서 내 말을 들으라 내가 여호와를 경외하는 법을 너희에게 가르치리로다

12 생명을 사모하고 연수를 사랑하여 복받기를 원하는 사람이 누구뇨

다윗이 아비멜렉 앞에서
미친 체하다가 쫓겨나서 지은 시

34

2

3

4

5

6

7

8

9

10

11

12

13 **네 혀를 악에서 금하며 네 입술을 거짓 말에서 금할지어다**

14 **악을 버리고 선을 행하며 화평을 찾아 따를지어다**

15 **여호와의 눈은 의인을 향하시고 그의 귀는 그들의 부르짖음에 기울이시는도다**

16 **여호와의 얼굴은 악을 행하는 자를 향하사 그들의 자취를 땅에서 끊으려 하시는도다**

17 **의인이 부르짖으매 여호와께서 들으시고 그들의 모든 환난에서 건지셨도다**

18 **여호와는 마음이 상한 자를 가까이 하시고 충심으로 통회하는 자를 구원하시는도다**

19 **의인은 고난이 많으나 여호와께서 그의 모든 고난에서 건지시는도다**

20 **그의 모든 뼈를 보호하심이여 그 중에서 하나도 꺾이지 아니하도다**

21 **악이 악인을 죽일 것이라 의인을 미워하는 자는 벌을 받으리로다**

22 **여호와께서 그의 종들의 영혼을 속량하시나니 그에게 피하는 자는 다 벌을 받지 아니하리로다**

다윗의 시

35 **여호와여 나와 다투는 자와 다투시고 나와 싸우는 자와 싸우소서**

2 **방패와 손 방패를 잡으시고 일어나 나를 도우소서**

3 **창을 빼사 나를 쫓는 자의 길을 막으시**

13

14

15

16

17

18

19

20

21

22

다윗의 시

35

2

3

고 또 내 영혼에게 나는 네 구원이라 이르소서

4 내 생명을 찾는 자들이 부끄러워 수치를 당하게 하시며 나를 상해하려 하는 자들이 물러가 낭패를 당하게 하소서

5 그들을 바람 앞에 겨와 같게 하시고 여호와의 천사가 그들을 몰아내게 하소서

6 그들의 길을 어둡고 미끄럽게 하시며 여호와의 천사가 그들을 뒤쫓게 하소서

7 그들이 까닭 없이 나를 잡으려고 그들의 그물을 웅덩이에 숨기며 까닭 없이 내 생명을 해하려고 함정을 팠사오니

8 멸망이 순식간에 그에게 닥치게 하시며 그가 숨긴 그물에 자기가 잡히게 하시며 멸망 중에 떨어지게 하소서

9 내 영혼이 여호와를 즐거워함이여 그의 구원을 기뻐하리로다

10 내 모든 뼈가 이르기를 여호와와 같은 이가 누구냐 그는 가난한 자를 그보다 강한 자에게서 건지시고 가난하고 궁핍한 자를 노략하는 자에게서 건지시는 이라 하리로다

11 불의한 증인들이 일어나서 내가 알지 못하는 일로 내게 질문하며

12 내게 선을 악으로 갚아 나의 영혼을 외롭게 하나

13 나는 그들이 병 들었을 때에 굵은 베 옷을 입으며 금식하여 내 영혼을 괴롭게 하였더니 내 기도가 내 품으로 돌아왔도다

4

5

6

7

8

9

10

11

12

13

14 내가 나의 친구와 형제에게 행함 같이 그들에게 행하였으며 내가 몸을 굽히고 슬퍼하기를 어머니를 곡함 같이 하였도다

15 그러나 내가 넘어지매 그들이 기뻐하여 서로 모임이여 불량배가 내가 알지 못하는 중에 모여서 나를 치며 찢기를 마지 아니하도다

16 그들은 연회에서 망령되이 조롱하는 자 같이 나를 향하여 그들의 이를 갈도다

17 주여 어느 때까지 관망하시려 하나이까 내 영혼을 저 멸망자에게서 구원하시며 내 유일한 것을 사자들에게서 건지소서

18 내가 대회 중에서 주께 감사하며 많은 백성 중에서 주를 찬송하리이다

19 부당하게 나의 원수된 자가 나로 말미암아 기뻐하지 못하게 하시며 까닭 없이 나를 미워하는 자들이 서로 눈짓하지 못하게 하소서

20 무릇 그들은 화평을 말하지 아니하고 오히려 평안히 땅에 사는 자들을 거짓말로 모략하며

21 또 그들이 나를 향하여 입을 크게 벌리고 하하 우리가 목격하였다 하나이다

22 여호와여 주께서 이를 보셨사오니 잠잠하지 마옵소서 주여 나를 멀리하지 마옵소서

23 나의 하나님, 나의 주여 떨치고 깨셔서 나를 공판하시며 나의 송사를 다스리소서

24 여호와 나의 하나님이여 주의 공의대로 나를 판단하사 그들이 나로 말미암아

14

15

16

17

18

19

20

21

22

23

24

기뻐하지 못하게 하소서

25 그들이 마음속으로 이르기를 아하 소원을 성취하였다 하지 못하게 하시며 우리가 그를 삼켰다 말하지 못하게 하소서

26 나의 재난을 기뻐하는 자들이 함께 부끄러워 낭패를 당하게 하시며 나를 향하여 스스로 뽐내는 자들이 수치와 욕을 당하게 하소서

27 나의 의를 즐거워하는 자들이 기꺼이 노래 부르고 즐거워하게 하시며 그의 종의 평안함을 기뻐하시는 여호와는 위대하시다 하는 말을 그들이 항상 말하게 하소서

28 나의 혀가 주의 의를 말하며 종일토록 주를 찬송하리이다

여호와의 종 다윗의 시, 인도자를 따라 부르는 노래

36 악인의 죄가 그의 마음속으로 이르기를 그의 눈에는 하나님을 두려워하는 빛이 없다 하니

2 그가 스스로 자랑하기를 자기의 죄악은 드러나지 아니하고 미워함을 받지도 아니하리라 함이로다

3 그의 입에서 나오는 말은 죄악과 속임이라 그는 지혜와 선행을 그쳤도다

4 그는 그의 침상에서 죄악을 꾀하며 스스로 악한 길에 서고 악을 거절하지 아니하는도다

5 여호와여 주의 인자하심이 하늘에 있고 주의 진실하심이 공중에 사무쳤으며

6 주의 의는 하나님의 산들과 같고 주의

25

26

27

28

여호와의 종 다윗의 시, 인도자를 따라 부르는 노래

36

2

3

4

5

6

심판은 큰 바다와 같으니이다 여호와여 주는 사람과 짐승을 구하여 주시나이다

7 하나님이여 주의 인자하심이 어찌 그리 보배로우신지요 사람들이 주의 날개 그늘 아래에 피하나이다

8 그들이 주의 집에 있는 살진 것으로 풍족할 것이라 주께서 주의 복락의 강물을 마시게 하시리이다

9 진실로 생명의 원천이 주께 있사오니 주의 빛 안에서 우리가 빛을 보리이다

10 주를 아는 자들에게 주의 인자하심을 계속 베푸시며 마음이 정직한 자에게 주의 공의를 베푸소서

11 교만한 자의 발이 내게 이르지 못하게 하시며 악인들의 손이 나를 쫓아내지 못하게 하소서

12 악을 행하는 자들이 거기서 넘어졌으니 엎드러지고 다시 일어날 수 없으리이다

다윗의 시

37 악을 행하는 자들 때문에 불평하지 말며 불의를 행하는 자들을 시기하지 말지어다

2 그들은 풀과 같이 속히 베임을 당할 것이며 푸른 채소 같이 쇠잔할 것임이로다

3 여호와를 의뢰하고 선을 행하라 땅에 머무는 동안 그의 성실을 먹을 거리로 삼을지어다

4 또 여호와를 기뻐하라 그가 네 마음의 소원을 네게 이루어 주시리로다

7

8

9

10

11

12

다윗의 시

37

2

3

4

5 네 길을 여호와께 맡기라 그를 의지하면 그가 이루시고

6 네 의를 빛 같이 나타내시며 네 공의를 정오의 빛 같이 하시리로다

7 여호와 앞에 잠잠하고 참고 기다리라 자기 길이 형통하며 악한 꾀를 이루는 자 때문에 불평하지 말지어다

8 분을 그치고 노를 버리며 불평하지 말라 오히려 악을 만들 뿐이라

9 진실로 악을 행하는 자들은 끊어질 것이나 여호와를 소망하는 자들은 땅을 차지하리로다

10 잠시 후에는 악인이 없어지리니 네가 그 곳을 자세히 살필지라도 없으리로다

11 그러나 온유한 자들은 땅을 차지하며 풍성한 화평으로 즐거워하리로다

12 악인이 의인 치기를 꾀하고 그를 향하여 그의 이를 가는도다

13 그러나 주께서 그를 비웃으시리니 그의 날이 다가옴을 보심이로다

14 악인이 칼을 빼고 활을 당겨 가난하고 궁핍한 자를 엎드러뜨리며 행위가 정직한 자를 죽이고자 하나

15 그들의 칼은 오히려 그들의 양심을 찌르고 그들의 활은 부러지리로다

16 의인의 적은 소유가 악인의 풍부함보다 낫도다

17 악인의 팔은 부러지나 의인은 여호와께서 붙드시는도다

5

6

7

8

9

10

11

12

13

14

15

16

17

18 여호와께서 온전한 자의 날을 아시나니 그들의 기업은 영원하리로다

19 그들은 환난 때에 부끄러움을 당하지 아니하며 기근의 날에도 풍족할 것이나

20 악인들은 멸망하고 여호와의 원수들은 어린 양의 기름 같이 타서 연기가 되어 없어지리로다

21 악인은 꾸고 갚지 아니하나 의인은 은혜를 베풀고 주는도다

22 주의 복을 받은 자들은 땅을 차지하고 주의 저주를 받은 자들은 끊어지리로다

23 여호와께서 사람의 걸음을 정하시고 그의 길을 기뻐하시나니

24 그는 넘어지나 아주 엎드러지지 아니함은 여호와께서 그의 손으로 붙드심이로다

25 내가 어려서부터 늙기까지 의인이 버림을 당하거나 그의 자손이 걸식함을 보지 못하였도다

26 그는 종일토록 은혜를 베풀고 꾸어 주니 그의 자손이 복을 받는도다

27 악에서 떠나 선을 행하라 그리하면 영원히 살리니

28 여호와께서 정의를 사랑하시고 그의 성도를 버리지 아니하심이로다 그들은 영원히 보호를 받으나 악인의 자손은 끊어지리로다

29 의인이 땅을 차지함이여 거기서 영원히 살리로다

18

19

20

21

22

23

24

25

26

27

28

29

30 의인의 입은 지혜로우며 그의 혀는 정의를 말하며

31 그의 마음에는 하나님의 법이 있으니 그의 걸음은 실족함이 없으리로다

32 악인이 의인을 엿보아 살해할 기회를 찾으나

33 여호와는 그를 악인의 손에 버려 두지 아니하시고 재판 때에도 정죄하지 아니하시리로다

34 여호와를 바라고 그의 도를 지키라 그리하면 네가 땅을 차지하게 하실 것이라 악인이 끊어질 때에 네가 똑똑히 보리로다

35 내가 악인의 큰 세력을 본즉 그 본래의 땅에 서 있는 나무 잎이 무성함과 같으나

36 내가 지나갈 때에 그는 없어졌나니 내가 찾아도 발견하지 못하였도다

37 온전한 사람을 살피고 정직한 자를 볼지어다 모든 화평한 자의 미래는 평안이로다

38 범죄자들은 함께 멸망하리니 악인의 미래는 끊어질 것이나

39 의인들의 구원은 여호와로부터 오나니 그는 환난 때에 그들의 요새이시로다

40 여호와께서 그들을 도와 건지시되 악인들에게서 건져 구원하심은 그를 의지한 까닭이로다

다윗의 기념하는 시

38

여호와여 주의 노하심으로 나를 책망하지 마시고 주의 분노하심

30

31

32

33

34

35

36

37

38

39

40

다윗의 기념하는 시

38

으로 나를 징계하지 마소서

2 주의 화살이 나를 찌르고 주의 손이 나를 심히 누르시나이다

3 주의 진노로 말미암아 내 살에 성한 곳이 없사오며 나의 죄로 말미암아 내 뼈에 평안함이 없나이다

4 내 죄악이 내 머리에 넘쳐서 무거운 짐 같으니 내가 감당할 수 없나이다

5 내 상처가 썩어 악취가 나오니 내가 우매한 까닭이로소이다

6 내가 아프고 심히 구부러졌으며 종일토록 슬픔 중에 다니나이다

7 내 허리에 열기가 가득하고 내 살에 성한 곳이 없나이다

8 내가 피곤하고 심히 상하였으매 마음이 불안하여 신음하나이다

9 주여 나의 모든 소원이 주 앞에 있사오며 나의 탄식이 주 앞에 감추이지 아니하나이다

10 내 심장이 뛰고 내 기력이 쇠하여 내 눈의 빛도 나를 떠났나이다

11 내가 사랑하는 자와 내 친구들이 내 상처를 멀리하고 내 친척들도 멀리 섰나이다

12 내 생명을 찾는 자가 올무를 놓고 나를 해하려는 자가 괴악한 일을 말하여 종일토록 음모를 꾸미오나

13 나는 못 듣는 자 같이 듣지 아니하고 말 못하는 자 같이 입을 열지 아니하오니

14 나는 듣지 못하는 자 같아서 내 입에는

2

3

4

5

6

7

8

9

10

11

12

13

14

반박할 말이 없나이다

15 **여호와여 내가 주를 바랐사오니 내 주 하나님이 내게 응답하시리이다**

16 **내가 말하기를 두렵건대 그들이 나 때문에 기뻐하며 내가 실족할 때에 나를 향하여 스스로 교만할까 하였나이다**

17 **내가 넘어지게 되었고 나의 근심이 항상 내 앞에 있사오니**

18 **내 죄악을 아뢰고 내 죄를 슬퍼함이니이다**

19 **내 원수가 활발하며 강하고 부당하게 나를 미워하는 자가 많으며**

20 **또 악으로 선을 대신하는 자들이 내가 선을 따른다는 것 때문에 나를 대적하나이다**

21 **여호와여 나를 버리지 마소서 나의 하나님이여 나를 멀리하지 마소서**

22 **속히 나를 도우소서 주 나의 구원이시여**

다윗의 시, 인도자를 따라
여두둔 형식으로 부르는 노래

39 **내가 말하기를 나의 행위를 조심하여 내 혀로 범죄하지 아니하리니 악인이 내 앞에 있을 때에 내가 내 입에 재갈을 먹이리라 하였도다**

2 **내가 잠잠하여 선한 말도 하지 아니하니 나의 근심이 더 심하도다**

3 **내 마음이 내 속에서 뜨거워서 작은 소리로 읊조릴 때에 불이 붙으니 나의 혀로 말하기를**

15

16

17

18

19

20

21

22

다윗의 시, 인도자를 따라
여두둔 형식으로 부르는 노래

39

2

3

4 여호와여 나의 종말과 연한이 언제까지인지 알게 하사 내가 나의 연약함을 알게 하소서

4

5 주께서 나의 날을 한 뼘 길이만큼 되게 하시매 나의 일생이 주 앞에는 없는 것 같사오니 사람은 그가 든든히 서 있는 때에도 진실로 모두가 허사뿐이니이다 (셀라)

5

6 진실로 각 사람은 그림자 같이 다니고 헛된 일로 소란하며 재물을 쌓으나 누가 거둘는지 알지 못하나이다

6

7 주여 이제 내가 무엇을 바라리요 나의 소망은 주께 있나이다

7

8 나를 모든 죄에서 건지시며 우매한 자에게서 욕을 당하지 아니하게 하소서

8

9 내가 잠잠하고 입을 열지 아니함은 주께서 이를 행하신 까닭이니이다

9

10 주의 징벌을 나에게서 옮기소서 주의 손이 치심으로 내가 쇠망하였나이다

10

11 주께서 죄악을 책망하사 사람을 징계하실 때에 그 영화를 좀먹음 같이 소멸하게 하시니 참으로 인생이란 모두 헛될 뿐이니이다 (셀라)

11

12 여호와여 나의 기도를 들으시며 나의 부르짖음에 귀를 기울이소서 내가 눈물 흘릴 때에 잠잠하지 마옵소서 나는 주와 함께 있는 나그네이며 나의 모든 조상들처럼 떠도나이다

12

13 주는 나를 용서하사 내가 떠나 없어지기 전에 나의 건강을 회복시키소서

13

다윗의 시, 인도자를 따라 부르는 노래

40 내가 여호와를 기다리고 기다렸더니 귀를 기울이사 나의 부르짖음을 들으셨도다

2 나를 기가 막힐 웅덩이와 수렁에서 끌어올리시고 내 발을 반석 위에 두사 내 걸음을 견고하게 하셨도다

3 새 노래 곧 우리 하나님께 올릴 찬송을 내 입에 두셨으니 많은 사람이 보고 두려워하여 여호와를 의지하리로다

4 여호와를 의지하고 교만한 자와 거짓에 치우치는 자를 돌아보지 아니하는 자는 복이 있도다

5 여호와 나의 하나님이여 주께서 행하신 기적이 많고 우리를 향하신 주의 생각도 많아 누구도 주와 견줄 수가 없나이다 내가 널리 알려 말하고자 하나 너무 많아 그 수를 셀 수도 없나이다

6 주께서 내 귀를 통하여 내게 들려 주시기를 제사와 예물을 기뻐하지 아니하시며 번제와 속죄제를 요구하지 아니하신다 하신지라

7 그 때에 내가 말하기를 내가 왔나이다 나를 가리켜 기록한 것이 두루마리 책에 있나이다

8 나의 하나님이여 내가 주의 뜻 행하기를 즐기오니 주의 법이 나의 심중에 있나이다 하였나이다

9 내가 많은 회중 가운데에서 의의 기쁜 소식을 전하였나이다 여호와여 내가 내 입

다윗의 시, 인도자를 따라 부르는 노래

40

2

3

4

5

6

7

8

9

술을 닫지 아니할 줄을 주께서 아시나이다

10 **내가 주의 공의를 내 심중에 숨기지 아니하고 주의 성실과 구원을 선포하였으며 내가 주의 인자와 진리를 많은 회중 가운데에서 감추지 아니하였나이다**

11 **여호와여 주의 긍휼을 내게서 거두지 마시고 주의 인자와 진리로 나를 항상 보호하소서**

12 **수많은 재앙이 나를 둘러싸고 나의 죄악이 나를 덮치므로 우러러볼 수도 없으며 죄가 나의 머리털보다 많으므로 내가 낙심하였음이니이다**

13 **여호와여 은총을 베푸사 나를 구원하소서 여호와여 속히 나를 도우소서**

14 **내 생명을 찾아 멸하려 하는 자는 다 수치와 낭패를 당하게 하시며 나의 해를 기뻐하는 자는 다 물러가 욕을 당하게 하소서**

15 **나를 향하여 하하 하하 하며 조소하는 자들이 자기 수치로 말미암아 놀라게 하소서**

16 **주를 찾는 자는 다 주 안에서 즐거워하고 기뻐하게 하시며 주의 구원을 사랑하는 자는 항상 말하기를 여호와는 위대하시다 하게 하소서**

17 **나는 가난하고 궁핍하오나 주께서는 나를 생각하시오니 주는 나의 도움이시요 나를 건지시는 이시라 나의 하나님이여 지체하지 마소서**

다윗의 시, 인도자를 따라 부르는 노래

10

11

12

13

14

15

16

17

다윗의 시, 인도자를 따라 부르는 노래

41 가난한 자를 보살피는 자에게 복이 있음이여 재앙의 날에 여호와께서 그를 건지시리로다

2 여호와께서 그를 지키사 살게 하시리니 그가 이 세상에서 복을 받을 것이라 주여 그를 그 원수들의 뜻에 맡기지 마소서

3 여호와께서 그를 병상에서 붙드시고 그가 누워 있을 때마다 그의 병을 고쳐 주시나이다

4 내가 말하기를 여호와여 내게 은혜를 베푸소서 내가 주께 범죄하였사오니 나를 고치소서 하였나이다

5 나의 원수가 내게 대하여 악담하기를 그가 어느 때에나 죽고 그의 이름이 언제나 없어질까 하며

6 나를 보러 와서는 거짓을 말하고 그의 중심에 악을 쌓았다가 나가서는 이를 널리 선포하오며

7 나를 미워하는 자가 다 하나같이 내게 대하여 수군거리고 나를 해하려고 꾀하며

8 이르기를 악한 병이 그에게 들었으니 이제 그가 눕고 다시 일어나지 못하리라 하오며

9 내가 신뢰하여 내 떡을 나눠 먹던 나의 가까운 친구도 나를 대적하여 그의 발꿈치를 들었나이다

10 그러하오나 주 여호와여 내게 은혜를 베푸시고 나를 일으키사 내가 그들에게 보응하게 하소서 이로써

41

2

3

4

5

6

7

8

9

10

11 내 원수가 나를 이기지 못하오니 주께서 나를 기뻐하시는 줄을 내가 알았나이다

12 주께서 나를 온전한 중에 붙드시고 영원히 주 앞에 세우시나이다

13 이스라엘의 하나님 여호와를 영원부터 영원까지 송축할지로다 아멘 아멘

제 이 권

고라 자손의 마스길, 인도자를 따라 부르는 노래

42 하나님이여 사슴이 시냇물을 찾기에 갈급함 같이 내 영혼이 주를 찾기에 갈급하니이다

2 내 영혼이 하나님 곧 살아 계시는 하나님을 갈망하나니 내가 어느 때에 나아가서 하나님의 얼굴을 뵈올까

3 사람들이 종일 내게 하는 말이 네 하나님이 어디 있느뇨 하오니 내 눈물이 주야로 내 음식이 되었도다

4 내가 전에 성일을 지키는 무리와 동행하여 기쁨과 감사의 소리를 내며 그들을 하나님의 집으로 인도하였더니 이제 이 일을 기억하고 내 마음이 상하는도다

5 내 영혼아 네가 어찌하여 낙심하며 어찌하여 내 속에서 불안해 하는가 너는 하나님께 소망을 두라 그가 나타나 도우심으로 말미암아 내가 여전히 찬송하리로다

6 내 하나님이여 내 영혼이 내 속에서 낙심이 되므로 내가 요단 땅과 헤르몬과 미살 산에서 주를 기억하나이다

7 주의 폭포 소리에 깊은 바다가 서로 부

11

12

13

제 이 권

고라 자손의 마스길, 인도자를 따라 부르는 노래

42

2

3

4

5

6

7

르며 주의 모든 파도와 물결이 나를 휩쓸었나이다

8 낮에는 여호와께서 그의 인자하심을 베푸시고 밤에는 그의 찬송이 내게 있어 생명의 하나님께 기도하리로다

9 내 반석이신 하나님께 말하기를 어찌하여 나를 잊으셨나이까 내가 어찌하여 원수의 압제로 말미암아 슬프게 다니나이까 하리로다

10 내 뼈를 찌르는 칼 같이 내 대적이 나를 비방하여 늘 내게 말하기를 네 하나님이 어디 있느냐 하도다

11 내 영혼아 네가 어찌하여 낙심하며 어찌하여 내 속에서 불안해 하는가 너는 하나님께 소망을 두라 나는 그가 나타나 도우심으로 말미암아 내 하나님을 여전히 찬송하리로다

43 하나님이여 나를 판단하시되 경건하지 아니한 나라에 대하여 내 송사를 변호하시며 간사하고 불의한 자에게서 나를 건지소서

2 주는 나의 힘이 되신 하나님이시거늘 어찌하여 나를 버리셨나이까 내가 어찌하여 원수의 억압으로 말미암아 슬프게 다니나이까

3 주의 빛과 주의 진리를 보내시어 나를 인도하시고 주의 거룩한 산과 주께서 계시는 곳에 이르게 하소서

4 그런즉 내가 하나님의 제단에 나아가 나의 큰 기쁨의 하나님께 이르리이다 하

8

9

10

11

43

2

3

4

나님이여 나의 하나님이여 내가 수금으로 주를 찬양하리이다

5 내 영혼아 네가 어찌하여 낙심하며 어찌하여 내 속에서 불안해 하는가 너는 하나님께 소망을 두라 그가 나타나 도우심으로 말미암아 내 하나님을 여전히 찬송하리로다

고라 자손의 마스길, 인도자를 따라 부르는 노래

44 하나님이여 주께서 우리 조상들의 날 곧 옛날에 행하신 일을 그들이 우리에게 일러 주매 우리가 우리 귀로 들었나이다

2 주께서 주의 손으로 뭇 백성을 내쫓으시고 우리 조상들을 이 땅에 뿌리 박게 하시며 주께서 다른 민족들은 고달프게 하시고 우리 조상들은 번성하게 하셨나이다

3 그들이 자기 칼로 땅을 얻어 차지함이 아니요 그들의 팔이 그들을 구원함도 아니라 오직 주의 오른손과 주의 팔과 주의 얼굴의 빛으로 하셨으니 주께서 그들을 기뻐하신 까닭이니이다

4 하나님이여 주는 나의 왕이시니 야곱에게 구원을 베푸소서

5 우리가 주를 의지하여 우리 대적을 누르고 우리를 치러 일어나는 자를 주의 이름으로 밟으리이다

6 나는 내 활을 의지하지 아니할 것이라 내 칼이 나를 구원하지 못하리이다

7 오직 주께서 우리를 우리 원수들에게서 구원하시고 우리를 미워하는 자로 수치를 당하게 하셨나이다

5

고라 자손의 마스길, 인도자를 따라 부르는 노래

44

2

3

4

5

6

7

8 우리가 종일 하나님을 자랑하였나이다 우리는 하나님의 이름에 영원히 감사하리이다 (셀라)

9 그러나 이제는 주께서 우리를 버려 욕을 당하게 하시고 우리 군대와 함께 나아가지 아니하시나이다

10 주께서 우리를 대적들에게서 돌아서게 하시니 우리를 미워하는 자가 자기를 위하여 탈취하였나이다

11 주께서 우리를 잡아먹힐 양처럼 그들에게 넘겨 주시고 여러 민족 중에 우리를 흩으셨나이다

12 주께서 주의 백성을 헐값으로 파심이여 그들을 판 값으로 이익을 얻지 못하셨나이다

13 주께서 우리로 하여금 이웃에게 욕을 당하게 하시니 그들이 우리를 둘러싸고 조소하고 조롱하나이다

14 주께서 우리를 뭇 백성 중에 이야기거리가 되게 하시며 민족 중에서 머리 흔듦을 당하게 하셨나이다

15 나의 능욕이 종일 내 앞에 있으며 수치가 내 얼굴을 덮었으니

16 나를 비방하고 욕하는 소리 때문이요 나의 원수와 나의 복수자 때문이니이다

17 이 모든 일이 우리에게 임하였으나 우리가 주를 잊지 아니하며 주의 언약을 어기지 아니하였나이다

18 우리의 마음은 위축되지 아니하고 우리 걸음도 주의 길을 떠나지 아니하였으나

8

9

10

11

12

13

14

15

16

17

18

19 주께서 우리를 승냥이의 처소에 밀어 넣으시고 우리를 사망의 그늘로 덮으셨나이다

20 우리가 우리 하나님의 이름을 잊어버렸거나 우리 손을 이방 신에게 향하여 폈더면

21 하나님이 이를 알아내지 아니하셨으리이까 무릇 주는 마음의 비밀을 아시나이다

22 우리가 종일 주를 위하여 죽임을 당하게 되며 도살할 양 같이 여김을 받았나이다

23 주여 깨소서 어찌하여 주무시나이까 일어나시고 우리를 영원히 버리지 마소서

24 어찌하여 주의 얼굴을 가리시고 우리의 고난과 압제를 잊으시나이까

25 우리 영혼은 진토 속에 파묻히고 우리 몸은 땅에 붙었나이다

26 일어나 우리를 도우소서 주의 인자하심으로 말미암아 우리를 구원하소서

고라 자손의 마스길, 사랑의 노래,
인도자를 따라 소산님에 맞춘 것

45 내 마음이 좋은 말로 왕을 위하여 지은 것을 말하리니 내 혀는 글솜씨가 뛰어난 서기관의 붓끝과 같도다

2 왕은 사람들보다 아름다워 은혜를 입술에 머금으니 그러므로 하나님이 왕에게 영원히 복을 주시도다

3 용사여 칼을 허리에 차고 왕의 영화와 위엄을 입으소서

19

20

21

22

23

24

25

26

고라 자손의 마스길, 사랑의 노래,
인도자를 따라 소산님에 맞춘 것

45

2

3

4 **왕은 진리와 온유와 공의를 위하여 왕의 위엄을 세우시고 병거에 오르소서 왕의 오른손이 왕에게 놀라운 일을 가르치리이다**

5 **왕의 화살은 날카로워 왕의 원수의 염통을 뚫으니 만민이 왕의 앞에 엎드러지는도다**

6 **하나님이여 주의 보좌는 영원하며 주의 나라의 규는 공평한 규이니이다**

7 **왕은 정의를 사랑하고 악을 미워하시니 그러므로 하나님 곧 왕의 하나님이 즐거움의 기름을 왕에게 부어 왕의 동료보다 뛰어나게 하셨나이다**

8 **왕의 모든 옷은 몰약과 침향과 육계의 향기가 있으며 상아궁에서 나오는 현악은 왕을 즐겁게 하도다**

9 **왕이 가까이 하는 여인들 중에는 왕들의 딸이 있으며 왕후는 오빌의 금으로 꾸미고 왕의 오른쪽에 서도다**

10 **딸이여 듣고 보고 귀를 기울일지어다 네 백성과 네 아버지의 집을 잊어버릴지어다**

11 **그리하면 왕이 네 아름다움을 사모하실지라 그는 네 주인이시니 너는 그를 경배할지어다**

12 **두로의 딸은 예물을 드리고 백성 중 부한 자도 네 얼굴 보기를 원하리로다**

13 **왕의 딸은 궁중에서 모든 영화를 누리니 그의 옷은 금으로 수 놓았도다**

4

5

6

7

8

9

10

11

12

13

14 수 놓은 옷을 입은 그는 왕께로 인도함을 받으며 시종하는 친구 처녀들도 왕께로 이끌려 갈 것이라

15 그들은 기쁨과 즐거움으로 인도함을 받고 왕궁에 들어가리로다

16 왕의 아들들은 왕의 조상들을 계승할 것이라 왕이 그들로 온 세계의 군왕을 삼으리로다

17 내가 왕의 이름을 만세에 기억하게 하리니 그러므로 만민이 왕을 영원히 찬송하리로다

고라 자손의 시, 인도자를 따라 알라못에 맞춘 노래

46 하나님은 우리의 피난처시요 힘이시니 환난 중에 만날 큰 도움이시라

2 그러므로 땅이 변하든지 산이 흔들려 바다 가운데에 빠지든지

3 바닷물이 솟아나고 뛰놀든지 그것이 넘침으로 산이 흔들릴지라도 우리는 두려워하지 아니하리로다 (셀라)

4 한 시내가 있어 나뉘어 흘러 하나님의 성 곧 지존하신 이의 성소를 기쁘게 하도다

5 하나님이 그 성 중에 계시매 성이 흔들리지 아니할 것이라 새벽에 하나님이 도우시리로다

6 뭇 나라가 떠들며 왕국이 흔들렸더니 그가 소리를 내시매 땅이 녹았도다

7 만군의 여호와께서 우리와 함께 하시니 야곱의 하나님은 우리의 피난처시로다 (셀라)

14

15

16

17

고라 자손의 시, 인도자를 따라 알라못에 맞춘 노래

46

2

3

4

5

6

7

8 **와서 여호와의 행적을 볼지어다 그가 땅을 황무지로 만드셨도다**

9 **그가 땅 끝까지 전쟁을 쉬게 하심이여 활을 꺾고 창을 끊으며 수레를 불사르시는도다**

10 **이르시기를 너희는 가만히 있어 내가 하나님 됨을 알지어다 내가 뭇 나라 중에서 높임을 받으리라 내가 세계 중에서 높임을 받으리라 하시도다**

11 **만군의 여호와께서 우리와 함께 하시니 야곱의 하나님은 우리의 피난처시로다 (셀라)**

고라 자손의 시, 인도자를 따라 부르는 노래

47 **너희 만민들아 손바닥을 치고 즐거운 소리로 하나님께 외칠지어다**

2 **지존하신 여호와는 두려우시고 온 땅에 큰 왕이 되심이로다**

3 **여호와께서 만민을 우리에게, 나라들을 우리 발 아래에 복종하게 하시며**

4 **우리를 위하여 기업을 택하시나니 곧 사랑하신 야곱의 영화로다 (셀라)**

5 **하나님께서 즐거운 함성 중에 올라가심이여 여호와께서 나팔 소리 중에 올라가시도다**

6 **찬송하라 하나님을 찬송하라 찬송하라 우리 왕을 찬송하라**

7 **하나님은 온 땅의 왕이심이라 지혜의 시로 찬송할지어다**

8 **하나님이 뭇 백성을 다스리시며 하나**

8

9

10

11

고라 자손의 시, 인도자를 따라 부르는 노래

47

2

3

4

5

6

7

8

님이 그의 거룩한 보좌에 앉으셨도다

9 뭇 나라의 고관들이 모임이여 아브라함의 하나님의 백성이 되도다 세상의 모든 방패는 하나님의 것임이여 그는 높임을 받으시리로다

고라 자손의 시 곧 노래

48 여호와는 위대하시니 우리 하나님의 성, 거룩한 산에서 극진히 찬양 받으시리로다

2 터가 높고 아름다워 온 세계가 즐거워함이여 큰 왕의 성 곧 북방에 있는 시온 산이 그러하도다

3 하나님이 그 여러 궁중에서 자기를 요새로 알리셨도다

4 왕들이 모여서 함께 지나갔음이여

5 그들이 보고 놀라고 두려워 빨리 지나갔도다

6 거기서 떨림이 그들을 사로잡으니 고통이 해산하는 여인의 고통 같도다

7 주께서 동풍으로 다시스의 배를 깨뜨리시도다

8 우리가 들은 대로 만군의 여호와의 성, 우리 하나님의 성에서 보았나니 하나님이 이를 영원히 견고하게 하시리로다 (셀라)

9 하나님이여 우리가 주의 전 가운데에서 주의 인자하심을 생각하였나이다

10 하나님이여 주의 이름과 같이 찬송도 땅 끝까지 미쳤으며 주의 오른손에는 정의가 충만하였나이다

9

고라 자손의 시 곧 노래

48

2

3

4

5

6

7

8

9

10

11 주의 심판으로 말미암아 시온 산은 기뻐하고 유다의 딸들은 즐거워할지어다

12 너희는 시온을 돌면서 그 곳을 둘러보고 그 망대들을 세어 보라

13 그의 성벽을 자세히 보고 그의 궁전을 살펴서 후대에 전하라

14 이 하나님은 영원히 우리 하나님이시니 그가 우리를 죽을 때까지 인도하시리로다

고라 자손의 시, 인도자를 따라 부르는 노래

49 뭇 백성들아 이를 들으라 세상의 거민들아 모두 귀를 기울이라

2 귀천 빈부를 막론하고 다 들을지어다

3 내 입은 지혜를 말하겠고 내 마음은 명철을 작은 소리로 읊조리리로다

4 내가 비유에 내 귀를 기울이고 수금으로 나의 오묘한 말을 풀리로다

5 죄악이 나를 따라다니며 나를 에워싸는 환난의 날을 내가 어찌 두려워하랴

6 자기의 재물을 의지하고 부유함을 자랑하는 자는

7 아무도 자기의 형제를 구원하지 못하며 그를 위한 속전을 하나님께 바치지도 못할 것은

8 그들의 생명을 속량하는 값이 너무 엄청나서 영원히 마련하지 못할 것임이니라

9 그가 영원히 살아서 죽음을 보지 않을 것인가

11

12

13

14

고라 자손의 시, 인도자를 따라 부르는 노래

49

2

3

4

5

6

7

8

9

10 **그러나 그는 지혜 있는 자도 죽고 어리석고 무지한 자도 함께 망하며 그들의 재물은 남에게 남겨 두고 떠나는 것을 보게 되리로다**

11 **그러나 그들의 속 생각에 그들의 집은 영원히 있고 그들의 거처는 대대에 이르리라 하여 그들의 토지를 자기 이름으로 부르도다**

12 **사람은 존귀하나 장구하지 못함이여 멸망하는 짐승 같도다**

13 **이것이 바로 어리석은 자들의 길이며 그들의 말을 기뻐하는 자들의 종말이로다 (셀라)**

14 **그들은 양 같이 스올에 두기로 작정되었으니 사망이 그들의 목자일 것이라 정직한 자들이 아침에 그들을 다스리리니 그들의 아름다움은 소멸하고 스올이 그들의 거처가 되리라**

15 **그러나 하나님은 나를 영접하시리니 이러므로 내 영혼을 스올의 권세에서 건져내시리로다 (셀라)**

16 **사람이 치부하여 그의 집의 영광이 더할 때에 너는 두려워하지 말지어다**

17 **그가 죽으매 가져가는 것이 없고 그의 영광이 그를 따라 내려가지 못함이로다**

18 **그가 비록 생시에 자기를 축하하며 스스로 좋게 함으로 사람들에게 칭찬을 받을지라도**

19 **그들은 그들의 역대 조상들에게로 돌아가리니 영원히 빛을 보지 못하리로다**

10

11

12

13

14

15

16

17

18

19

20 존귀하나 깨닫지 못하는 사람은 멸망하는 짐승 같도다

아삽의 시

50 전능하신 이 여호와 하나님께서 말씀하사 해 돋는 데서부터 지는 데까지 세상을 부르셨도다

2 온전히 아름다운 시온에서 하나님이 빛을 비추셨도다

3 우리 하나님이 오사 잠잠하지 아니하시니 그 앞에는 삼키는 불이 있고 그 사방에는 광풍이 불리로다

4 하나님이 자기의 백성을 판결하시려고 위 하늘과 아래 땅에 선포하여

5 이르시되 나의 성도들을 내 앞에 모으라 그들은 제사로 나와 언약한 이들이니라 하시도다

6 하늘이 그의 공의를 선포하리니 하나님 그는 심판장이심이로다 (셀라)

7 내 백성아 들을지어다 내가 말하리라 이스라엘아 내가 네게 증언하리라 나는 하나님 곧 네 하나님이로다

8 나는 네 제물 때문에 너를 책망하지는 아니하리니 네 번제가 항상 내 앞에 있음이로다

9 내가 네 집에서 수소나 네 우리에서 숫염소를 가져가지 아니하리니

10 이는 삼림의 짐승들과 뭇 산의 가축이 다 내 것이며

11 산의 모든 새들도 내가 아는 것이며 들

20

아삽의 시

50

2

3

4

5

6

7

8

9

10

11

의 짐승도 내 것임이로다

12 **내가 가령 주려도 네게 이르지 아니할 것은 세계와 거기에 충만한 것이 내 것임이로다**

13 **내가 수소의 고기를 먹으며 염소의 피를 마시겠느냐**

14 **감사로 하나님께 제사를 드리며 지존하신 이에게 네 서원을 갚으며**

15 **환난 날에 나를 부르라 내가 너를 건지리니 네가 나를 영화롭게 하리로다**

16 **악인에게는 하나님이 이르시되 네가 어찌하여 내 율례를 전하며 내 언약을 네 입에 두느냐**

17 **네가 교훈을 미워하고 내 말을 네 뒤로 던지며**

18 **도둑을 본즉 그와 연합하고 간음하는 자들과 동료가 되며**

19 **네 입을 악에게 내어 주고 네 혀로 거짓을 꾸미며**

20 **앉아서 네 형제를 공박하며 네 어머니의 아들을 비방하는도다**

21 **네가 이 일을 행하여도 내가 잠잠하였더니 네가 나를 너와 같은 줄로 생각하였도다 그러나 내가 너를 책망하여 네 죄를 네 눈 앞에 낱낱이 드러내리라 하시는도다**

22 **하나님을 잊어버린 너희여 이제 이를 생각하라 그렇지 아니하면 내가 너희를 찢으리니 건질 자 없으리라**

23 **감사로 제사를 드리는 자가 나를 영화**

12

13

14

15

16

17

18

19

20

21

22

23

롭게 하나니 그의 행위를 옳게 하는 자에게 내가 하나님의 구원을 보이리라

다윗의 시, 인도자를 따라 부르는 노래,
다윗이 밧세바와 동침한 후 선지자 나단이 그에게 왔을 때

51 **하나님이여 주의 인자를 따라 내게 은혜를 베푸시며 주의 많은 긍휼을 따라 내 죄악을 지워 주소서**

2 **나의 죄악을 말갛게 씻으시며 나의 죄를 깨끗이 제하소서**

3 **무릇 나는 내 죄과를 아오니 내 죄가 항상 내 앞에 있나이다**

4 **내가 주께만 범죄하여 주의 목전에 악을 행하였사오니 주께서 말씀하실 때에 의로우시다 하고 주께서 심판하실 때에 순전하시다 하리이다**

5 **내가 죄악 중에서 출생하였음이여 어머니가 죄 중에서 나를 잉태하였나이다**

6 **보소서 주께서는 중심이 진실함을 원하시오니 내게 지혜를 은밀히 가르치시리이다**

7 **우슬초로 나를 정결하게 하소서 내가 정하리이다 나의 죄를 씻어 주소서 내가 눈보다 희리이다**

8 **내게 즐겁고 기쁜 소리를 들려 주시사 주께서 꺾으신 뼈들도 즐거워하게 하소서**

9 **주의 얼굴을 내 죄에서 돌이키시고 내 모든 죄악을 지워 주소서**

10 **하나님이여 내 속에 정한 마음을 창조하시고 내 안에 정직한 영을 새롭게 하소서**

다윗의 시, 인도자를 따라 부르는 노래, 다윗이 밧세바와 동침한 후 선지자 나단이 그에게 왔을 때

51

2

3

4

5

6

7

8

9

10

11 **나를 주 앞에서 쫓아내지 마시며 주의 성령을 내게서 거두지 마소서**

12 **주의 구원의 즐거움을 내게 회복시켜 주시고 자원하는 심령을 주사 나를 붙드소서**

13 **그리하면 내가 범죄자에게 주의 도를 가르치리니 죄인들이 주께 돌아오리이다**

14 **하나님이여 나의 구원의 하나님이여 피 흘린 죄에서 나를 건지소서 내 혀가 주의 의를 높이 노래하리이다**

15 **주여 내 입술을 열어 주소서 내 입이 주를 찬송하여 전파하리이다**

16 **주께서는 제사를 기뻐하지 아니하시나니 그렇지 아니하면 내가 드렸을 것이라 주는 번제를 기뻐하지 아니하시나이다**

17 **하나님께서 구하시는 제사는 상한 심령이라 하나님이여 상하고 통회하는 마음을 주께서 멸시하지 아니하시리이다**

18 **주의 은택으로 시온에 선을 행하시고 예루살렘 성을 쌓으소서**

19 **그 때에 주께서 의로운 제사와 번제와 온전한 번제를 기뻐하시리니 그 때에 그들이 수소를 주의 제단에 드리리이다**

다윗의 마스길, 인도자를 따라 부르는 노래,
에돔인 도엑이 사울에게 이르러 다윗이
아히멜렉의 집에 왔다고 그에게 말하던 때에

52 **포악한 자여 네가 어찌하여 악한 계획을 스스로 자랑하는가 하나님의 인자하심은 항상 있도다**

11

12

13

14

15

16

17

18

19

다윗의 마스길, 인도자를 따라 부르는 노래,
에돔인 도엑이 사울에게 이르러 다윗이
아히멜렉의 집에 왔다고 그에게 말하던 때에

52

2 네 혀가 심한 악을 꾀하여 날카로운 삭도 같이 간사를 행하는도다

3 네가 선보다 악을 사랑하며 의를 말함보다 거짓을 사랑하는도다 (셀라)

4 간사한 혀여 너는 남을 해치는 모든 말을 좋아하는도다

5 그런즉 하나님이 영원히 너를 멸하심이여 너를 붙잡아 네 장막에서 뽑아 내며 살아 있는 땅에서 네 뿌리를 빼시리로다 (셀라)

6 의인이 보고 두려워하며 또 그를 비웃어 말하기를

7 이 사람은 하나님을 자기 힘으로 삼지 아니하고 오직 자기 재물의 풍부함을 의지하며 자기의 악으로 스스로 든든하게 하던 자라 하리로다

8 그러나 나는 하나님의 집에 있는 푸른 감람나무 같음이여 하나님의 인자하심을 영원히 의지하리로다

9 주께서 이를 행하셨으므로 내가 영원히 주께 감사하고 주의 이름이 선하시므로 주의 성도 앞에서 내가 주의 이름을 사모하리이다

다윗의 마스길, 인도자를 따라 마할랏에 맞춘 노래

53 어리석은 자는 그의 마음에 이르기를 하나님이 없다 하도다 그들은 부패하며 가증한 악을 행함이여 선을 행하는 자가 없도다

2 하나님이 하늘에서 인생을 굽어살피사 지각이 있는 자와 하나님을 찾는 자가

2

3

4

5

6

7

8

9

다윗의 마스길, 인도자를 따라 마할랏에 맞춘 노래

53

2

있는가 보려 하신즉

3 **각기 물러가 함께 더러운 자가 되고 선을 행하는 자 없으니 한 사람도 없도다**

4 **죄악을 행하는 자들은 무지하냐 그들이 떡 먹듯이 내 백성을 먹으면서 하나님을 부르지 아니하는도다**

5 **그들이 두려움이 없는 곳에서 크게 두려워하였으니 너를 대항하여 진 친 그들의 뼈를 하나님이 흩으심이라 하나님이 그들을 버리셨으므로 네가 그들에게 수치를 당하게 하였도다**

6 **시온에서 이스라엘을 구원하여 줄 자 누구인가 하나님이 자기 백성의 포로된 것을 돌이키실 때에 야곱이 즐거워하며 이스라엘이 기뻐하리로다**

다윗의 마스길, 인도자를 따라 현악에 맞춘 노래, 십 사람이 사울에게 이르러 말하기를 다윗이 우리가 있는 곳에 숨지 아니하였나이까 하던 때에

54

하나님이여 주의 이름으로 나를 구원하시고 주의 힘으로 나를 변호하소서

2 **하나님이여 내 기도를 들으시며 내 입의 말에 귀를 기울이소서**

3 **낯선 자들이 일어나 나를 치고 포악한 자들이 나의 생명을 수색하며 하나님을 자기 앞에 두지 아니하였음이니이다 (셀라)**

4 **하나님은 나를 돕는 이시며 주께서는 내 생명을 붙들어 주시는 이시니이다**

5 **주께서는 내 원수에게 악으로 갚으시**

3

4

5

6

다윗의 마스길, 인도자를 따라 현악에 맞춘 노래,
십 사람이 사울에게 이르러 말하기를 다윗이 우리가
있는 곳에 숨지 아니하였나이까 하던 때에

54

2

3

4

5

리니 주의 성실하심으로 그들을 멸하소서

6 내가 낙헌제로 주께 제사하리이다 여호와여 주의 이름에 감사하오리니 주의 이름이 선하심이니이다

7 참으로 주께서는 모든 환난에서 나를 건지시고 내 원수가 보응 받는 것을 내 눈이 똑똑히 보게 하셨나이다

다윗의 마스길, 인도자를 따라 현악에 맞춘 노래

55 하나님이여 내 기도에 귀를 기울이시고 내가 간구할 때에 숨지 마소서

2 내게 굽히사 응답하소서 내가 근심으로 편하지 못하여 탄식하오니

3 이는 원수의 소리와 악인의 압제 때문이라 그들이 죄악을 내게 더하며 노하여 나를 핍박하나이다

4 내 마음이 내 속에서 심히 아파하며 사망의 위험이 내게 이르렀도다

5 두려움과 떨림이 내게 이르고 공포가 나를 덮었도다

6 나는 말하기를 만일 내게 비둘기 같이 날개가 있다면 날아가서 편히 쉬리로다

7 내가 멀리 날아가서 광야에 머무르리로다 (셀라)

8 내가 나의 피난처로 속히 가서 폭풍과 광풍을 피하리라 하였도다

9 내가 성내에서 강포와 분쟁을 보았사오니 주여 그들을 멸하소서 그들의 혀를 잘라 버리소서

6

7

다윗의 마스길, 인도자를 따라 현악에 맞춘 노래

55

2

3

4

5

6

7

8

9

10 **그들이 주야로 성벽 위에 두루 다니니 성 중에는 죄악과 재난이 있으며**

11 **악독이 그 중에 있고 압박과 속임수가 그 거리를 떠나지 아니하도다**

12 **나를 책망하는 자는 원수가 아니라 원수일진대 내가 참았으리라 나를 대하여 자기를 높이는 자는 나를 미워하는 자가 아니라 미워하는 자일진대 내가 그를 피하여 숨었으리라**

13 **그는 곧 너로다 나의 동료, 나의 친구요 나의 가까운 친우로다**

14 **우리가 같이 재미있게 의논하며 무리와 함께 하여 하나님의 집 안에서 다녔도다**

15 **사망이 갑자기 그들에게 임하여 산 채로 스올에 내려갈지어다 이는 악독이 그들의 거처에 있고 그들 가운데에 있음이로다**

16 **나는 하나님께 부르짖으리니 여호와께서 나를 구원하시리로다**

17 **저녁과 아침과 정오에 내가 근심하여 탄식하리니 여호와께서 내 소리를 들으시리로다**

18 **나를 대적하는 자 많더니 나를 치는 전쟁에서 그가 내 생명을 구원하사 평안하게 하셨도다**

19 **옛부터 계시는 하나님이 들으시고 그들을 낮추시리이다 (셀라) 그들은 변하지 아니하며 하나님을 경외하지 아니함이니이다**

20 **그는 손을 들어 자기와 화목한 자를 치고 그의 언약을 배반하였도다**

10

11

12

13

14

15

16

17

18

19

20

21 그의 입은 우유 기름보다 미끄러우나 그의 마음은 전쟁이요 그의 말은 기름보다 유하나 실상은 뽑힌 칼이로다

22 네 짐을 여호와께 맡기라 그가 너를 붙드시고 의인의 요동함을 영원히 허락하지 아니하시리로다

23 하나님이여 주께서 그들로 파멸의 웅덩이에 빠지게 하시리이다 피를 흘리게 하며 속이는 자들은 그들의 날의 반도 살지 못할 것이나 나는 주를 의지하리이다

다윗의 믹담 시, 인도자를 따라 요낫 엘렘 르호김에 맞춘 노래, 다윗이 가드에서 블레셋인에게 잡힌 때에

56 하나님이여 내게 은혜를 베푸소서 사람이 나를 삼키려고 종일 치며 압제하나이다

2 내 원수가 종일 나를 삼키려 하며 나를 교만하게 치는 자들이 많사오니

3 내가 두려워하는 날에는 내가 주를 의지하리이다

4 내가 하나님을 의지하고 그 말씀을 찬송하올지라 내가 하나님을 의지하였은즉 두려워하지 아니하리니 혈육을 가진 사람이 내게 어찌하리이까

5 그들이 종일 내 말을 곡해하며 나를 치는 그들의 모든 생각은 사악이라

6 그들이 내 생명을 엿보았던 것과 같이 또 모여 숨어 내 발자취를 지켜보나이다

7 그들이 악을 행하고야 안전하오리이까 하나님이여 분노하사 뭇 백성을 낮추소서

21

22

23

다윗의 믹담 시, 인도자를 따라 요낫 엘렘 르호김에 맞춘 노래, 다윗이 가드에서 블레셋인에게 잡힌 때에

56

2

3

4

5

6

7

8 **나의 유리함을 주께서 계수하셨사오니 나의 눈물을 주의 병에 담으소서 이것이 주의 책에 기록되지 아니하였나이까**

9 **내가 아뢰는 날에 내 원수들이 물러가리니 이것으로 하나님이 내 편이심을 내가 아나이다**

10 **내가 하나님을 의지하여 그의 말씀을 찬송하며 여호와를 의지하여 그의 말씀을 찬송하리이다**

11 **내가 하나님을 의지하였은즉 두려워하지 아니하리니 사람이 내게 어찌하리이까**

12 **하나님이여 내가 주께 서원함이 있사온즉 내가 감사제를 주께 드리리니**

13 **주께서 내 생명을 사망에서 건지셨음이라 주께서 나로 하나님 앞, 생명의 빛에 다니게 하시려고 실족하지 아니하게 하지 아니하셨나이까**

다윗의 믹담 시, 인도자를 따라 알다스헷에 맞춘 노래, 다윗이 사울을 피하여 굴에 있던 때에

57 **하나님이여 내게 은혜를 베푸소서 내게 은혜를 베푸소서 내 영혼이 주께로 피하되 주의 날개 그늘 아래에서 이 재앙들이 지나기까지 피하리이다**

2 **내가 지존하신 하나님께 부르짖음이여 곧 나를 위하여 모든 것을 이루시는 하나님께로다**

3 **그가 하늘에서 보내사 나를 삼키려는 자의 비방에서 나를 구원하실지라 (셀라) 하나님이 그의 인자와 진리를 보내시리로다**

8

9

10

11

12

13

다윗의 믹담 시, 인도자를 따라 알다스헷에 맞춘 노래, 다윗이 사울을 피하여 굴에 있던 때에

57

2

3

4 내 영혼이 사자들 가운데에서 살며 내가 불사르는 자들 중에 누웠으니 곧 사람의 아들들 중에라 그들의 이는 창과 화살이요 그들의 혀는 날카로운 칼 같도다

5 하나님이여 주는 하늘 위에 높이 들리시며 주의 영광이 온 세계 위에 높아지기를 원하나이다

6 그들이 내 걸음을 막으려고 그물을 준비하였으니 내 영혼이 억울하도다 그들이 내 앞에 웅덩이를 팠으나 자기들이 그 중에 빠졌도다 (셀라)

7 하나님이여 내 마음이 확정되었고 내 마음이 확정되었사오니 내가 노래하고 내가 찬송하리이다

8 내 영광아 깰지어다 비파야, 수금아, 깰지어다 내가 새벽을 깨우리로다

9 주여 내가 만민 중에서 주께 감사하오며 뭇 나라 중에서 주를 찬송하리이다

10 무릇 주의 인자는 커서 하늘에 미치고 주의 진리는 궁창에 이르나이다

11 하나님이여 주는 하늘 위에 높이 들리시며 주의 영광이 온 세계 위에 높아지기를 원하나이다

다윗의 믹담 시, 인도자를 따라 알다스헷에 맞춘 노래

58 통치자들아 너희가 정의를 말해야 하거늘 어찌 잠잠하냐 인자들아 너희가 올바르게 판결해야 하거늘 어찌 잠잠하냐

2 아직도 너희가 중심에 악을 행하며 땅에서 너희 손으로 폭력을 달아 주는도다

4

5

6

7

8

9

10

11

다윗의 믹담 시, 인도자를 따라 알다스헷에 맞춘 노래

58

2

3 **악인은 모태에서부터 멀어졌음이여 나면서부터 곁길로 나아가 거짓을 말하는도다**

4 **그들의 독은 뱀의 독 같으며 그들은 귀를 막은 귀머거리 독사 같으니**

5 **술사의 홀리는 소리도 듣지 않고 능숙한 술객의 요술도 따르지 아니하는 독사로다**

6 **하나님이여 그들의 입에서 이를 꺾으소서 여호와여 젊은 사자의 어금니를 꺾어 내시며**

7 **그들이 급히 흐르는 물 같이 사라지게 하시며 겨누는 화살이 꺾임 같게 하시며**

8 **소멸하여 가는 달팽이 같게 하시며 만삭 되지 못하여 출생한 아이가 햇빛을 보지 못함 같게 하소서**

9 **가시나무 불이 가마를 뜨겁게 하기 전에 생나무든지 불 붙는 나무든지 강한 바람으로 휩쓸려가게 하소서**

10 **의인이 악인의 보복 당함을 보고 기뻐함이여 그의 발을 악인의 피에 씻으리로다**

11 **그 때에 사람의 말이 진실로 의인에게 갚음이 있고 진실로 땅에서 심판하시는 하나님이 계시다 하리로다**

다윗의 믹담 시, 인도자를 따라 알다스헷에
맞춘 노래, 사울이 사람을 보내어
다윗을 죽이려고 그 집을 지킨 때에

59 **나의 하나님이여 나의 원수에게서 나를 건지시고 일어나 치려는 자에게서 나를 높이 드소서**

3

4

5

6

7

8

9

10

11

다윗의 믹담 시, 인도자를 따라 알다스헷에
맞춘 노래, 사울이 사람을 보내어
다윗을 죽이려고 그 집을 지킨 때에

59

2 악을 행하는 자에게서 나를 건지시고 피 흘리기를 즐기는 자에게서 나를 구원하소서

3 그들이 나의 생명을 해하려고 엎드려 기다리고 강한 자들이 모여 나를 치려 하오니 여호와여 이는 나의 잘못으로 말미암음이 아니요 나의 죄로 말미암음도 아니로소이다

4 내가 허물이 없으나 그들이 달려와서 스스로 준비하오니 주여 나를 도우시기 위하여 깨어 살펴 주소서

5 주님은 만군의 하나님 여호와, 이스라엘의 하나님이시오니 일어나 모든 나라들을 벌하소서 악을 행하는 모든 자들에게 은혜를 베풀지 마소서 (셀라)

6 그들이 저물어 돌아와서 개처럼 울며 성으로 두루 다니고

7 그들의 입으로는 악을 토하며 그들의 입술에는 칼이 있어 이르기를 누가 들으리요 하나이다

8 여호와여 주께서 그들을 비웃으시며 모든 나라들을 조롱하시리이다

9 하나님은 나의 요새이시니 그의 힘으로 말미암아 내가 주를 바라리이다

10 나의 하나님이 그의 인자하심으로 나를 영접하시며 하나님이 나의 원수가 보응 받는 것을 내가 보게 하시리이다

11 그들을 죽이지 마옵소서 나의 백성이 잊을까 하나이다 우리 방패 되신 주여 주의 능력으로 그들을 흩으시고 낮추소서

2

3

4

5

6

7

8

9

10

11

12 **그들의 입술의 말은 곧 그들의 입의 죄라 그들이 말하는 저주와 거짓말로 말미암아 그들이 그 교만한 중에서 사로잡히게 하소서**

13 **진노하심으로 소멸하시되 없어지기까지 소멸하사 하나님이 야곱 중에서 다스리심을 땅 끝까지 알게 하소서 (셀라)**

14 **그들에게 저물어 돌아와서 개처럼 울며 성으로 두루 다니게 하소서**

15 **그들은 먹을 것을 찾아 유리하다가 배부름을 얻지 못하면 밤을 새우려니와**

16 **나는 주의 힘을 노래하며 아침에 주의 인자하심을 높이 부르오리니 주는 나의 요새이시며 나의 환난 날에 피난처심이니이다**

17 **나의 힘이시여 내가 주께 찬송하오리니 하나님은 나의 요새이시며 나를 긍휼히 여기시는 하나님이심이니이다**

다윗이 교훈하기 위하여 지은 믹담, 인도자를 따라
수산에둣에 맞춘 노래, 다윗이 아람 나하라임과
아람소바와 싸우는 중에 요압이 돌아와 에돔을
소금 골짜기에서 쳐서 만 이천 명을 죽인 때에

60 **하나님이여 주께서 우리를 버려 흩으셨고 분노하셨사오나 지금은 우리를 회복시키소서**

2 **주께서 땅을 진동시키사 갈라지게 하셨사오니 그 틈을 기우소서 땅이 흔들림이니이다**

3 **주께서 주의 백성에게 어려움을 보이시고 비틀거리게 하는 포도주를 우리에**

12

13

14

15

16

17

다윗이 교훈하기 위하여 지은 믹담, 인도자를 따라
수산에둣에 맞춘 노래, 다윗이 아람 나하라임과
아람소바와 싸우는 중에 요압이 돌아와 에돔을
소금 골짜기에서 쳐서 만 이천 명을 죽인 때에

60

2

3

게 마시게 하셨나이다

4 주를 경외하는 자에게 깃발을 주시고 진리를 위하여 달게 하셨나이다 (셀라)

5 주께서 사랑하시는 자를 건지시기 위하여 주의 오른손으로 구원하시고 응답하소서

6 하나님이 그의 거룩하심으로 말씀하시되 내가 뛰놀리라 내가 세겜을 나누며 숙곳 골짜기를 측량하리라

7 길르앗이 내 것이요 므낫세도 내 것이며 에브라임은 내 머리의 투구요 유다는 나의 규이며

8 모압은 나의 목욕통이라 에돔에는 나의 신발을 던지리라 블레셋아 나로 말미암아 외치라 하셨도다

9 누가 나를 이끌어 견고한 성에 들이며 누가 나를 에돔에 인도할까

10 하나님이여 주께서 우리를 버리지 아니하셨나이까 하나님이여 주께서 우리 군대와 함께 나아가지 아니하시나이다

11 우리를 도와 대적을 치게 하소서 사람의 구원은 헛됨이니이다

12 우리가 하나님을 의지하고 용감하게 행하리니 그는 우리의 대적을 밟으실 이심이로다

다윗의 시, 인도자를 따라 현악에 맞춘 노래

61 하나님이여 나의 부르짖음을 들으시며 내 기도에 유의하소서

2 내 마음이 약해 질 때에 땅 끝에서부터

4

5

6

7

8

9

10

11

12

다윗의 시, 인도자를 따라 현악에 맞춘 노래

61

2

주께 부르짖으오리니 나보다 높은 바위에 나를 인도하소서

3 **주는 나의 피난처시요 원수를 피하는 견고한 망대이심이니이다**

4 **내가 영원히 주의 장막에 머물며 내가 주의 날개 아래로 피하리이다 (셀라)**

5 **주 하나님이여 주께서 나의 서원을 들으시고 주의 이름을 경외하는 자가 얻을 기업을 내게 주셨나이다**

6 **주께서 왕에게 장수하게 하사 그의 나이가 여러 대에 미치게 하시리이다**

7 **그가 영원히 하나님 앞에서 거주하리니 인자와 진리를 예비하사 그를 보호하소서**

8 **그리하시면 내가 주의 이름을 영원히 찬양하며 매일 나의 서원을 이행하리이다**

다윗의 시, 인도자를 따라 여둔의 법칙에 따라 부르는 노래

62 **나의 영혼이 잠잠히 하나님만 바람이여 나의 구원이 그에게서 나오는도다**

2 **오직 그만이 나의 반석이시요 나의 구원이시요 나의 요새이시니 내가 크게 흔들리지 아니하리로다**

3 **넘어지는 담과 흔들리는 울타리 같이 사람을 죽이려고 너희가 일제히 공격하기를 언제까지 하려느냐**

4 **그들이 그를 그의 높은 자리에서 떨어뜨리기만 꾀하고 거짓을 즐겨 하니 입으로는 축복이요 속으로는 저주로다 (셀라)**

3

4

5

6

7

8

다윗의 시, 인도자를 따라

여두둔의 법칙에 따라 부르는 노래

62

2

3

4

5 나의 영혼아 잠잠히 하나님만 바라라 무릇 나의 소망이 그로부터 나오는도다

6 오직 그만이 나의 반석이시요 나의 구원이시요 나의 요새이시니 내가 흔들리지 아니하리로다

7 나의 구원과 영광이 하나님께 있음이여 내 힘의 반석과 피난처도 하나님께 있도다

8 백성들아 시시로 그를 의지하고 그의 앞에 마음을 토하라 하나님은 우리의 피난처시로다 (셀라)

9 아, 슬프도다 사람은 입김이며 인생도 속임수이니 저울에 달면 그들은 입김보다 가벼우리로다

10 포악을 의지하지 말며 탈취한 것으로 허망하여지지 말며 재물이 늘어도 거기에 마음을 두지 말지어다

11 하나님이 한두 번 하신 말씀을 내가 들었나니 권능은 하나님께 속하였다 하셨도다

12 주여 인자함은 주께 속하오니 주께서 각 사람이 행한 대로 갚으심이니이다

다윗의 시, 유다 광야에 있을 때에

63 하나님이여 주는 나의 하나님이시라 내가 간절히 주를 찾되 물이 없어 마르고 황폐한 땅에서 내 영혼이 주를 갈망하며 내 육체가 주를 앙모하나이다

2 내가 주의 권능과 영광을 보기 위하여 이와 같이 성소에서 주를 바라보았나이다

5

6

7

8

9

10

11

12

다윗의 시, 유다 광야에 있을 때에

63

2

3 주의 인자하심이 생명보다 나으므로 내 입술이 주를 찬양할 것이라

4 이러므로 나의 평생에 주를 송축하며 주의 이름으로 말미암아 나의 손을 들리이다

5 골수와 기름진 것을 먹음과 같이 나의 영혼이 만족할 것이라 나의 입이 기쁜 입술로 주를 찬송하되

6 내가 나의 침상에서 주를 기억하며 새벽에 주의 말씀을 작은 소리로 읊조릴 때에 하오리니

7 주는 나의 도움이 되셨음이라 내가 주의 날개 그늘에서 즐겁게 부르리이다

8 나의 영혼이 주를 가까이 따르니 주의 오른손이 나를 붙드시거니와

9 나의 영혼을 찾아 멸하려 하는 그들은 땅 깊은 곳에 들어가며

10 칼의 세력에 넘겨져 승냥이의 먹이가 되리이다

11 왕은 하나님을 즐거워하리니 주께 맹세한 자마다 자랑할 것이나 거짓말하는 자의 입은 막히리로다

다윗의 시, 인도자를 따라 부르는 노래

64 하나님이여 내가 근심하는 소리를 들으시고 원수의 두려움에서 나의 생명을 보존하소서

2 주는 악을 꾀하는 자들의 음모에서 나를 숨겨 주시고 악을 행하는 자들의 소동에서 나를 감추어 주소서

3

4

5

6

7

8

9

10

11

다윗의 시, 인도자를 따라 부르는 노래

64

2

3 그들이 칼 같이 자기 혀를 연마하며 화살 같이 독한 말로 겨누고

4 숨은 곳에서 온전한 자를 쏘며 갑자기 쏘고 두려워하지 아니하는도다

5 그들은 악한 목적으로 서로 격려하며 남몰래 올무 놓기를 함께 의논하고 하는 말이 누가 우리를 보리요 하며

6 그들은 죄악을 꾸미며 이르기를 우리가 묘책을 찾았다 하나니 각 사람의 속 뜻과 마음이 깊도다

7 그러나 하나님이 그들을 쏘시리니 그들이 갑자기 화살에 상하리로다

8 이러므로 그들이 엎드러지리니 그들의 혀가 그들을 해함이라 그들을 보는 자가 다 머리를 흔들리로다

9 모든 사람이 두려워하여 하나님의 일을 선포하며 그의 행하심을 깊이 생각하리로다

10 의인은 여호와로 말미암아 즐거워하며 그에게 피하리니 마음이 정직한 자는 다 자랑하리로다

다윗의 시, 인도자를 따라 부르는 노래

65 하나님이여 찬송이 시온에서 주를 기다리오며 사람이 서원을 주께 이행하리이다

2 기도를 들으시는 주여 모든 육체가 주께 나아오리이다

3 죄악이 나를 이겼사오니 우리의 허물을 주께서 사하시리이다

3

4

5

6

7

8

9

10

다윗의 시, 인도자를 따라 부르는 노래

65

2

3

4 주께서 택하시고 가까이 오게 하사 주의 뜰에 살게 하신 사람은 복이 있나이다 우리가 주의 집 곧 주의 성전의 아름다움으로 만족하리이다

5 우리 구원의 하나님이시여 땅의 모든 끝과 먼 바다에 있는 자가 의지할 주께서 의를 따라 엄위하신 일로 우리에게 응답하시리이다

6 주는 주의 힘으로 산을 세우시며 권능으로 띠를 띠시며

7 바다의 설렘과 물결의 흔들림과 만민의 소요까지 진정하시나이다

8 땅 끝에 사는 자가 주의 징조를 두려워하나이다 주께서 아침 되는 것과 저녁 되는 것을 즐거워하게 하시며

9 땅을 돌보사 물을 대어 심히 윤택하게 하시며 하나님의 강에 물이 가득하게 하시고 이같이 땅을 예비하신 후에 그들에게 곡식을 주시나이다

10 주께서 밭고랑에 물을 넉넉히 대사 그 이랑을 평평하게 하시며 또 단비로 부드럽게 하시고 그 싹에 복을 주시나이다

11 주의 은택으로 한 해를 관 씌우시니 주의 길에는 기름 방울이 떨어지며

12 들의 초장에도 떨어지니 작은 산들이 기쁨으로 띠를 띠었나이다

13 초장은 양 떼로 옷 입었고 골짜기는 곡식으로 덮였으매 그들이 다 즐거이 외치고 또 노래하나이다

4

5

6

7

8

9

10

11

12

13

시, 인도자를 따라 부르는 노래

66 온 땅이여 하나님께 즐거운 소리를 낼지어다

2 그의 이름의 영광을 찬양하고 영화롭게 찬송할지어다

3 하나님께 아뢰기를 주의 일이 어찌 그리 엄위하신지요 주의 큰 권능으로 말미암아 주의 원수가 주께 복종할 것이며

4 온 땅이 주께 경배하고 주를 노래하며 주의 이름을 노래하리이다 할지어다 (셀라)

5 와서 하나님께서 행하신 것을 보라 사람의 아들들에게 행하심이 엄위하시도다

6 하나님이 바다를 변하여 육지가 되게 하셨으므로 무리가 걸어서 강을 건너고 우리가 거기서 주로 말미암아 기뻐하였도다

7 그가 그의 능력으로 영원히 다스리시며 그의 눈으로 나라들을 살피시나니 거역하는 자들은 교만하지 말지어다 (셀라)

8 만민들아 우리 하나님을 송축하며 그의 찬양 소리를 들리게 할지어다

9 그는 우리 영혼을 살려 두시고 우리의 실족함을 허락하지 아니하시는 주시로다

10 하나님이여 주께서 우리를 시험하시되 우리를 단련하시기를 은을 단련함 같이 하셨으며

11 우리를 끌어 그물에 걸리게 하시며 어려운 짐을 우리 허리에 매어 두셨으며

12 사람들이 우리 머리를 타고 가게 하셨

시, 인도자를 따라 부르는 노래

66

2

3

4

5

6

7

8

9

10

11

12

나이다 우리가 불과 물을 통과하였더니 주께서 우리를 끌어내사 풍부한 곳에 들이셨나이다

13 내가 번제물을 가지고 주의 집에 들어가서 나의 서원을 주께 갚으리니

14 이는 내 입술이 낸 것이요 내 환난 때에 내 입이 말한 것이니이다

15 내가 숫양의 향기와 함께 살진 것으로 주께 번제를 드리며 수소와 염소를 드리리이다 (셀라)

16 하나님을 두려워하는 너희들아 다 와서 들으라 하나님이 나의 영혼을 위하여 행하신 일을 내가 선포하리로다

17 내가 나의 입으로 그에게 부르짖으며 나의 혀로 높이 찬송하였도다

18 내가 나의 마음에 죄악을 품었더라면 주께서 듣지 아니하시리라

19 그러나 하나님이 실로 들으셨음이여 내 기도 소리에 귀를 기울이셨도다

20 하나님을 찬송하리로다 그가 내 기도를 물리치지 아니하시고 그의 인자하심을 내게서 거두지도 아니하셨도다

시 곧 노래, 인도자를 따라 현악에 맞춘 것

67 하나님은 우리에게 은혜를 베푸사 복을 주시고 그의 얼굴 빛을 우리에게 비추사 (셀라)

2 주의 도를 땅 위에, 주의 구원을 모든 나라에게 알리소서

3 하나님이여 민족들이 주를 찬송하게

13

14

15

16

17

18

19

20

시 곧 노래, 인도자를 따라 현악에 맞춘 것

67

2

3

하시며 모든 민족들이 주를 찬송하게 하소서

4 **온 백성은 기쁘고 즐겁게 노래할지니 주는 민족들을 공평히 심판하시며 땅 위의 나라들을 다스리실 것임이니이다 (셀라)**

5 **하나님이여 민족들이 주를 찬송하게 하시며 모든 민족으로 주를 찬송하게 하소서**

6 **땅이 그의 소산을 내어 주었으니 하나님 곧 우리 하나님이 우리에게 복을 주시리로다**

7 **하나님이 우리에게 복을 주시리니 땅의 모든 끝이 하나님을 경외하리로다**

다윗의 시, 인도자를 따라 부르는 노래

68 **하나님이 일어나시니 원수들은 흩어지며 주를 미워하는 자들은 주 앞에서 도망하리이다**

2 **연기가 불려 가듯이 그들을 몰아내소서 불 앞에서 밀이 녹음 같이 악인이 하나님 앞에서 망하게 하소서**

3 **의인은 기뻐하여 하나님 앞에서 뛰놀며 기뻐하고 즐거워할지어다**

4 **하나님께 노래하며 그의 이름을 찬양하라 하늘을 타고 광야에 행하시던 이를 위하여 대로를 수축하라 그의 이름은 여호와이시니 그의 앞에서 뛰놀지어다**

5 **그의 거룩한 처소에 계신 하나님은 고아의 아버지시며 과부의 재판장이시라**

6 **하나님이 고독한 자들은 가족과 함께**

4

5

6

7

다윗의 시, 인도자를 따라 부르는 노래

68

2

3

4

5

6

살게 하시며 갇힌 자들은 이끌어 내사 형통하게 하시느니라 오직 거역하는 자들의 거처는 메마른 땅이로다

7 하나님이여 주의 백성 앞에서 앞서 나가사 광야에서 행진하셨을 때에 (셀라)

8 땅이 진동하며 하늘이 하나님 앞에서 떨어지며 저 시내 산도 하나님 곧 이스라엘의 하나님 앞에서 진동하였나이다

9 하나님이여 주께서 흡족한 비를 보내사 주의 기업이 곤핍할 때에 주께서 그것을 견고하게 하셨고

10 주의 회중을 그 가운데에 살게 하셨나이다 하나님이여 주께서 가난한 자를 위하여 주의 은택을 준비하셨나이다

11 주께서 말씀을 주시니 소식을 공포하는 여자들은 큰 무리라

12 여러 군대의 왕들이 도망하고 도망하니 집에 있던 여자들도 탈취물을 나누도다

13 너희가 양 우리에 누울 때에는 그 날개를 은으로 입히고 그 깃을 황금으로 입힌 비둘기 같도다

14 전능하신 이가 왕들을 그 중에서 흩으실 때에는 살몬에 눈이 날림 같도다

15 바산의 산은 하나님의 산임이여 바산의 산은 높은 산이로다

16 너희 높은 산들아 어찌하여 하나님이 계시려 하는 산을 시기하여 보느냐 진실로 여호와께서 이 산에 영원히 계시리로다

17 하나님의 병거는 천천이요 만만이라

7

8

9

10

11

12

13

14

15

16

17

주께서 그 중에 계심이 시내 산 성소에 계심 같도다

18 주께서 높은 곳으로 오르시며 사로잡은 자들을 취하시고 선물들을 사람들에게서 받으시며 반역자들로부터도 받으시니 여호와 하나님이 그들과 함께 계시기 때문이로다

19 날마다 우리 짐을 지시는 주 곧 우리의 구원이신 하나님을 찬송할지로다 (셀라)

20 하나님은 우리에게 구원의 하나님이시라 사망에서 벗어남은 주 여호와로 말미암거니와

21 그의 원수들의 머리 곧 죄를 짓고 다니는 자의 정수리는 하나님이 쳐서 깨뜨리시리로다

22 주께서 말씀하시기를 내가 그들을 바산에서 돌아오게 하며 바다 깊은 곳에서 도로 나오게 하고

23 네가 그들을 심히 치고 그들의 피에 네 발을 잠그게 하며 네 집의 개의 혀로 네 원수들에게서 제 분깃을 얻게 하리라 하시도다

24 하나님이여 그들이 주께서 행차하심을 보았으니 곧 나의 하나님, 나의 왕이 성소로 행차하시는 것이라

25 소고 치는 처녀들 중에서 노래 부르는 자들은 앞서고 악기를 연주하는 자들은 뒤따르나이다

26 이스라엘의 근원에서 나온 너희여 대회 중에 하나님 곧 주를 송축할지어다

18

19

20

21

22

23

24

25

26

27 거기에는 그들을 주관하는 작은 베냐민과 유다의 고관과 그들의 무리와 스불론의 고관과 납달리의 고관이 있도다

28 네 하나님이 너의 힘을 명령하셨도다 하나님이여 우리를 위하여 행하신 것을 견고하게 하소서

29 예루살렘에 있는 주의 전을 위하여 왕들이 주께 예물을 드리리이다

30 갈밭의 들짐승과 수소의 무리와 만민의 송아지를 꾸짖으시고 은 조각을 발 아래에 밟으소서 그가 전쟁을 즐기는 백성을 흩으셨도다

31 고관들은 애굽에서 나오고 구스인은 하나님을 향하여 그 손을 신속히 들리로다

32 땅의 왕국들아 하나님께 노래하고 주께 찬송할지어다 (셀라)

33 옛적 하늘들의 하늘을 타신 자에게 찬송하라 주께서 그 소리를 내시니 웅장한 소리로다

34 너희는 하나님께 능력을 돌릴지어다 그의 위엄이 이스라엘 위에 있고 그의 능력이 구름 속에 있도다

35 하나님이여 위엄을 성소에서 나타내시나이다 이스라엘의 하나님은 그의 백성에게 힘과 능력을 주시나니 하나님을 찬송할지어다

다윗의 시, 인도자를 따라 소산님에 맞춘 노래

69 하나님이여 나를 구원하소서 물들이 내 영혼에까지 흘러 들어왔나이다

27

28

29

30

31

32

33

34

35

다윗의 시, 인도자를 따라 소산님에 맞춘 노래

69

2 나는 설 곳이 없는 깊은 수렁에 빠지며 깊은 물에 들어가니 큰 물이 내게 넘치나이다	2
3 내가 부르짖음으로 피곤하여 나의 목이 마르며 나의 하나님을 바라서 나의 눈이 쇠하였나이다	3
4 까닭 없이 나를 미워하는 자가 나의 머리털보다 많고 부당하게 나의 원수가 되어 나를 끊으려 하는 자가 강하였으니 내가 빼앗지 아니한 것도 물어 주게 되었나이다	4
5 하나님이여 주는 나의 우매함을 아시오니 나의 죄가 주 앞에서 숨김이 없나이다	5
6 주 만군의 여호와여 주를 바라는 자들이 나를 인하여 수치를 당하게 하지 마옵소서 이스라엘의 하나님이여 주를 찾는 자가 나로 말미암아 욕을 당하게 하지 마옵소서	6
7 내가 주를 위하여 비방을 받았사오니 수치가 나의 얼굴에 덮였나이다	7
8 내가 나의 형제에게는 객이 되고 나의 어머니의 자녀에게는 낯선 사람이 되었나이다	8
9 주의 집을 위하는 열성이 나를 삼키고 주를 비방하는 비방이 내게 미쳤나이다	9
10 내가 곡하고 금식하였더니 그것이 도리어 나의 욕이 되었으며	10
11 내가 굵은 베로 내 옷을 삼았더니 내가 그들의 말거리가 되었나이다	11
12 성문에 앉은 자가 나를 비난하며 독주	12

에 취한 무리가 나를 두고 노래하나이다

13 **여호와여 나를 반기시는 때에 내가 주께 기도하오니 하나님이여 많은 인자와 구원의 진리로 내게 응답하소서**

14 **나를 수렁에서 건지사 빠지지 말게 하시고 나를 미워하는 자에게서와 깊은 물에서 건지소서**

15 **큰 물이 나를 휩쓸거나 깊음이 나를 삼키지 못하게 하시며 웅덩이가 내 위에 덮쳐 그것의 입을 닫지 못하게 하소서**

16 **여호와여 주의 인자하심이 선하시오니 내게 응답하시며 주의 많은 긍휼에 따라 내게로 돌이키소서**

17 **주의 얼굴을 주의 종에게서 숨기지 마소서 내가 환난 중에 있사오니 속히 내게 응답하소서**

18 **내 영혼에게 가까이하사 구원하시며 내 원수로 말미암아 나를 속량하소서**

19 **주께서 나의 비방과 수치와 능욕을 아시나이다 나의 대적자들이 다 주님 앞에 있나이다**

20 **비방이 나의 마음을 상하게 하여 근심이 충만하니 불쌍히 여길 자를 바라나 없고 긍휼히 여길 자를 바라나 찾지 못하였나이다**

21 **그들이 쓸개를 나의 음식물로 주며 목마를 때에는 초를 마시게 하였사오니**

22 **그들의 밥상이 올무가 되게 하시며 그들의 평안이 덫이 되게 하소서**

13

14

15

16

17

18

19

20

21

22

23 그들의 눈이 어두워 보지 못하게 하시며 그들의 허리가 항상 떨리게 하소서

24 주의 분노를 그들의 위에 부으시며 주의 맹렬하신 노가 그들에게 미치게 하소서

25 그들의 거처가 황폐하게 하시며 그들의 장막에 사는 자가 없게 하소서

26 무릇 그들이 주께서 치신 자를 핍박하며 주께서 상하게 하신 자의 슬픔을 말하였사오니

27 그들의 죄악에 죄악을 더하사 주의 공의에 들어오지 못하게 하소서

28 그들을 생명책에서 지우사 의인들과 함께 기록되지 말게 하소서

29 오직 나는 가난하고 슬프오니 하나님이여 주의 구원으로 나를 높이소서

30 내가 노래로 하나님의 이름을 찬송하며 감사함으로 하나님을 위대하시다 하리니

31 이것이 소 곧 뿔과 굽이 있는 황소를 드림보다 여호와를 더욱 기쁘시게 함이 될 것이라

32 곤고한 자가 이를 보고 기뻐하나니 하나님을 찾는 너희들아 너희 마음을 소생하게 할지어다

33 여호와는 궁핍한 자의 소리를 들으시며 자기로 말미암아 갇힌 자를 멸시하지 아니하시나니

34 천지가 그를 찬송할 것이요 바다와 그 중의 모든 생물도 그리할지로다

23

24

25

26

27

28

29

30

31

32

33

34

35 하나님이 시온을 구원하시고 유다 성읍들을 건설하시리니 무리가 거기에 살며 소유를 삼으리로다

36 그의 종들의 후손이 또한 이를 상속하고 그의 이름을 사랑하는 자가 그 중에 살리로다

다윗의 시로 기념식에서 인도자를 따라 부르는 노래

70 하나님이여 나를 건지소서 여호와여 속히 나를 도우소서

2 나의 영혼을 찾는 자들이 수치와 무안을 당하게 하시며 나의 상함을 기뻐하는 자들이 뒤로 물러가 수모를 당하게 하소서

3 아하, 아하 하는 자들이 자기 수치로 말미암아 뒤로 물러가게 하소서

4 주를 찾는 모든 자들이 주로 말미암아 기뻐하고 즐거워하게 하시며 주의 구원을 사랑하는 자들이 항상 말하기를 하나님은 위대하시다 하게 하소서

5 나는 가난하고 궁핍하오니 하나님이여 속히 내게 임하소서 주는 나의 도움이시요 나를 건지시는 이시오니 여호와여 지체하지 마소서

71 여호와여 내가 주께 피하오니 내가 영원히 수치를 당하게 하지 마소서

2 주의 의로 나를 건지시며 나를 풀어 주시며 주의 귀를 내게 기울이사 나를 구원하소서

3 주는 내가 항상 피하여 숨을 바위가 되소서 주께서 나를 구원하라 명령하셨으니 이는 주께서 나의 반석이시요 나의 요

35

36

다윗의 시로 기념식에서 인도자를 따라 부르는 노래

70

2

3

4

5

71

2

3

새이심이니이다

4 나의 하나님이여 나를 악인의 손 곧 불의한 자와 흉악한 자의 장중에서 피하게 하소서

5 주 여호와여 주는 나의 소망이시요 내가 어릴 때부터 신뢰한 이시라

6 내가 모태에서부터 주를 의지하였으며 나의 어머니의 배에서부터 주께서 나를 택하셨사오니 나는 항상 주를 찬송하리이다

7 나는 무리에게 이상한 징조 같이 되었사오나 주는 나의 견고한 피난처시오니

8 주를 찬송함과 주께 영광 돌림이 종일토록 내 입에 가득하리이다

9 늙을 때에 나를 버리지 마시며 내 힘이 쇠약할 때에 나를 떠나지 마소서

10 내 원수들이 내게 대하여 말하며 내 영혼을 엿보는 자들이 서로 꾀하여

11 이르기를 하나님이 그를 버리셨은즉 따라 잡으라 건질 자가 없다 하오니

12 하나님이여 나를 멀리 하지 마소서 나의 하나님이여 속히 나를 도우소서

13 내 영혼을 대적하는 자들이 수치와 멸망을 당하게 하시며 나를 모해하려 하는 자들에게는 욕과 수욕이 덮이게 하소서

14 나는 항상 소망을 품고 주를 더욱더욱 찬송하리이다

15 내가 측량할 수 없는 주의 공의와 구원을 내 입으로 종일 전하리이다

4

5

6

7

8

9

10

11

12

13

14

15

16 **내가 주 여호와의 능하신 행적을 가지고 오겠사오며 주의 공의만 전하겠나이다**

17 **하나님이여 나를 어려서부터 교훈하셨으므로 내가 지금까지 주의 기이한 일들을 전하였나이다**

18 **하나님이여 내가 늙어 백발이 될 때에도 나를 버리지 마시며 내가 주의 힘을 후대에 전하고 주의 능력을 장래의 모든 사람에게 전하기까지 나를 버리지 마소서**

19 **하나님이여 주의 의가 또한 지극히 높으시니이다 하나님이여 주께서 큰 일을 행하셨사오니 누가 주와 같으리이까**

20 **우리에게 여러 가지 심한 고난을 보이신 주께서 우리를 다시 살리시며 땅 깊은 곳에서 다시 이끌어 올리시리이다**

21 **나를 더욱 창대하게 하시고 돌이키사 나를 위로하소서**

22 **나의 하나님이여 내가 또 비파로 주를 찬양하며 주의 성실을 찬양하리이다 이스라엘의 거룩하신 주여 내가 수금으로 주를 찬양하리이다**

23 **내가 주를 찬양할 때에 나의 입술이 기뻐 외치며 주께서 속량하신 내 영혼이 즐거워하리이다**

24 **나의 혀도 종일토록 주의 의를 작은 소리로 읊조리오리니 나를 모해하려 하던 자들이 수치와 무안을 당함이니이다**

솔로몬의 시

16

17

18

19

20

21

22

23

24

솔로몬의 시

72 하나님이여 주의 판단력을 왕에게 주시고 주의 공의를 왕의 아들에게 주소서

2 그가 주의 백성을 공의로 재판하며 주의 가난한 자를 정의로 재판하리니

3 의로 말미암아 산들이 백성에게 평강을 주며 작은 산들도 그리하리로다

4 그가 가난한 백성의 억울함을 풀어 주며 궁핍한 자의 자손을 구원하며 압박하는 자를 꺾으리로다

5 그들이 해가 있을 동안에도 주를 두려워하며 달이 있을 동안에도 대대로 그리하리로다

6 그는 벤 풀 위에 내리는 비 같이, 땅을 적시는 소낙비 같이 내리리니

7 그의 날에 의인이 흥왕하여 평강의 풍성함이 달이 다할 때까지 이르리로다

8 그가 바다에서부터 바다까지와 강에서부터 땅 끝까지 다스리리니

9 광야에 사는 자는 그 앞에 굽히며 그의 원수들은 티끌을 핥을 것이며

10 다시스와 섬의 왕들이 조공을 바치며 스바와 시바 왕들이 예물을 드리리로다

11 모든 왕이 그의 앞에 부복하며 모든 민족이 다 그를 섬기리로다

12 그는 궁핍한 자가 부르짖을 때에 건지며 도움이 없는 가난한 자도 건지며

13 그는 가난한 자와 궁핍한 자를 불쌍히 여기며 궁핍한 자의 생명을 구원하며

72

2

3

4

5

6

7

8

9

10

11

12

13

14 그들의 생명을 압박과 강포에서 구원하리니 그들의 피가 그의 눈 앞에서 존귀히 여김을 받으리로다

15 그들이 생존하여 스바의 금을 그에게 드리며 사람들이 그를 위하여 항상 기도하고 종일 찬송하리로다

16 산 꼭대기의 땅에도 곡식이 풍성하고 그것의 열매가 레바논 같이 흔들리며 성에 있는 자가 땅의 풀 같이 왕성하리로다

17 그의 이름이 영구함이여 그의 이름이 해와 같이 장구하리로다 사람들이 그로 말미암아 복을 받으리니 모든 민족이 다 그를 복되다 하리로다

18 홀로 기이한 일들을 행하시는 여호와 하나님 곧 이스라엘의 하나님을 찬송하며

19 그 영화로운 이름을 영원히 찬송할지어다 온 땅에 그의 영광이 충만할지어다 아멘 아멘

20 이새의 아들 다윗의 기도가 끝나니라

제 삼 권

아삽의 시

73 하나님이 참으로 이스라엘 중 마음이 정결한 자에게 선을 행하시나

2 나는 거의 넘어질 뻔하였고 나의 걸음이 미끄러질 뻔하였으니

3 이는 내가 악인의 형통함을 보고 오만한 자를 질투하였음이로다

4 그들은 죽을 때에도 고통이 없고 그 힘이 강건하며

14

15

16

17

18

19

20

제 삼 권

아삽의 시

73

2

3

4

5 사람들이 당하는 고난이 그들에게는 없고 사람들이 당하는 재앙도 그들에게는 없나니

6 그러므로 교만이 그들의 목걸이요 강포가 그들의 옷이며

7 살찜으로 그들의 눈이 솟아나며 그들의 소득은 마음의 소원보다 많으며

8 그들은 능욕하며 악하게 말하며 높은 데서 거만하게 말하며

9 그들의 입은 하늘에 두고 그들의 혀는 땅에 두루 다니도다

10 그러므로 그의 백성이 이리로 돌아와서 잔에 가득한 물을 다 마시며

11 말하기를 하나님이 어찌 알랴 지존자에게 지식이 있으랴 하는도다

12 볼지어다 이들은 악인들이라도 항상 평안하고 재물은 더욱 불어나도다

13 내가 내 마음을 깨끗하게 하며 내 손을 씻어 무죄하다 한 것이 실로 헛되도다

14 나는 종일 재난을 당하며 아침마다 징벌을 받았도다

15 내가 만일 스스로 이르기를 내가 그들처럼 말하리라 하였더라면 나는 주의 아들들의 세대에 대하여 악행을 행하였으리이다

16 내가 어쩌면 이를 알까 하여 생각한즉 그것이 내게 심한 고통이 되었더니

17 하나님의 성소에 들어갈 때에야 그들의 종말을 내가 깨달았나이다

5

6

7

8

9

10

11

12

13

14

15

16

17

18 주께서 참으로 그들을 미끄러운 곳에 두시며 파멸에 던지시니

19 그들이 어찌하여 그리 갑자기 황폐되었는가 놀랄 정도로 그들은 전멸하였나이다

20 주여 사람이 깬 후에는 꿈을 무시함 같이 주께서 깨신 후에는 그들의 형상을 멸시하시리이다

21 내 마음이 산란하며 내 양심이 찔렸나이다

22 내가 이같이 우매 무지함으로 주 앞에 짐승이오나

23 내가 항상 주와 함께 하니 주께서 내 오른손을 붙드셨나이다

24 주의 교훈으로 나를 인도하시고 후에는 영광으로 나를 영접하시리니

25 하늘에서는 주 외에 누가 내게 있으리요 땅에서는 주 밖에 내가 사모할 이 없나이다

26 내 육체와 마음은 쇠약하나 하나님은 내 마음의 반석이시요 영원한 분깃이시라

27 무릇 주를 멀리하는 자는 망하리니 음녀 같이 주를 떠난 자를 주께서 다 멸하셨나이다

28 하나님께 가까이 함이 내게 복이라 내가 주 여호와를 나의 피난처로 삼아 주의 모든 행적을 전파하리이다

아삽의 마스길

74 하나님이여 주께서 어찌하여 우리를 영원히 버리시나이까 어찌하여 주께서 기르시는 양을 향하여 진노의 연기를 뿜으시나이까

18

19

20

21

22

23

24

25

26

27

28

아삽의 마스길

74

2 옛적부터 얻으시고 속량하사 주의 기업의 지파로 삼으신 주의 회중을 기억하시며 주께서 계시던 시온 산도 생각하소서

3 영구히 파멸된 곳을 향하여 주의 발을 옮겨 놓으소서 원수가 성소에서 모든 악을 행하였나이다

4 주의 대적이 주의 회중 가운데에서 떠들며 자기들의 깃발을 세워 표적으로 삼았으니

5 그들은 마치 도끼를 들어 삼림을 베는 사람 같으니이다

6 이제 그들이 도끼와 철퇴로 성소의 모든 조각품을 쳐서 부수고

7 주의 성소를 불사르며 주의 이름이 계신 곳을 더럽혀 땅에 엎었나이다

8 그들이 마음속으로 이르기를 우리가 그들을 진멸하자 하고 이 땅에 있는 하나님의 모든 회당을 불살랐나이다

9 우리의 표적은 보이지 아니하며 선지자도 더 이상 없으며 이런 일이 얼마나 오랠는지 우리 중에 아는 자도 없나이다

10 하나님이여 대적이 언제까지 비방하겠으며 원수가 주의 이름을 영원히 능욕하리이까

11 주께서 어찌하여 주의 손 곧 주의 오른손을 거두시나이까 주의 품에서 손을 빼내시어 그들을 멸하소서

12 하나님은 예로부터 나의 왕이시라 사람에게 구원을 베푸셨나이다

2

3

4

5

6

7

8

9

10

11

12

13 주께서 주의 능력으로 바다를 나누시고 물 가운데 용들의 머리를 깨뜨리셨으며

14 리워야단의 머리를 부수시고 그것을 사막에 사는 자에게 음식물로 주셨으며

15 주께서 바위를 쪼개어 큰 물을 내시며 주께서 늘 흐르는 강들을 마르게 하셨나이다

16 낮도 주의 것이요 밤도 주의 것이라 주께서 빛과 해를 마련하셨으며

17 주께서 땅의 경계를 정하시며 주께서 여름과 겨울을 만드셨나이다

18 여호와여 이것을 기억하소서 원수가 주를 비방하며 우매한 백성이 주의 이름을 능욕하였나이다

19 주의 멧비둘기의 생명을 들짐승에게 주지 마시며 주의 가난한 자의 목숨을 영원히 잊지 마소서

20 그 언약을 눈여겨 보소서 무릇 땅의 어두운 곳에 포악한 자의 처소가 가득하나이다

21 학대 받은 자가 부끄러이 돌아가게 하지 마시고 가난한 자와 궁핍한 자가 주의 이름을 찬송하게 하소서

22 하나님이여 일어나 주의 원통함을 푸시고 우매한 자가 종일 주를 비방하는 것을 기억하소서

23 주의 대적들의 소리를 잊지 마소서 일어나 주께 항거하는 자의 떠드는 소리가 항상 주께 상달되나이다

13

14

15

16

17

18

19

20

21

22

23

아삽의 시, 인도자를 따라 알다스헷에 맞춘 노래

75 하나님이여 우리가 주께 감사하고 감사함은 주의 이름이 가까움이라 사람들이 주의 기이한 일들을 전파하나이다

2 주의 말씀이 내가 정한 기약이 이르면 내가 바르게 심판하리니

3 땅의 기둥은 내가 세웠거니와 땅과 그 모든 주민이 소멸되리라 하시도다 (셀라)

4 내가 오만한 자들에게 오만하게 행하지 말라 하며 악인들에게 뿔을 들지 말라 하였노니

5 너희 뿔을 높이 들지 말며 교만한 목으로 말하지 말지어다

6 무릇 높이는 일이 동쪽에서나 서쪽에서 말미암지 아니하며 남쪽에서도 말미암지 아니하고

7 오직 재판장이신 하나님이 이를 낮추시고 저를 높이시느니라

8 여호와의 손에 잔이 있어 술 거품이 일어나는도다 속에 섞은 것이 가득한 그 잔을 하나님이 쏟아 내시나니 실로 그 찌꺼기까지도 땅의 모든 악인이 기울여 마시리로다

9 나는 야곱의 하나님을 영원히 선포하며 찬양하며

10 또 악인들의 뿔을 다 베고 의인의 뿔은 높이 들리로다

아삽의 시, 인도자를 따라 현악에 맞춘 노래

아삽의 시, 인도자를 따라 알다스헷에 맞춘 노래

75

2

3

4

5

6

7

8

9

10

아삽의 시, 인도자를 따라 현악에 맞춘 노래

76 하나님은 유다에 알려지셨으며 그의 이름이 이스라엘에 크시도다

2 그의 장막은 살렘에 있음이여 그의 처소는 시온에 있도다

3 거기에서 그가 화살과 방패와 칼과 전쟁을 없이하셨도다 (셀라)

4 주는 약탈한 산에서 영화로우시며 존귀하시도다

5 마음이 강한 자도 가진 것을 빼앗기고 잠에 빠질 것이며 장사들도 모두 그들에게 도움을 줄 손을 만날 수 없도다

6 야곱의 하나님이여 주께서 꾸짖으시매 병거와 말이 다 깊이 잠들었나이다

7 주께서는 경외 받을 이시니 주께서 한 번 노하실 때에 누가 주의 목전에 서리이까

8 주께서 하늘에서 판결을 선포하시매 땅이 두려워 잠잠하였나니

9 곧 하나님이 땅의 모든 온유한 자를 구원하시려고 심판하러 일어나신 때에로다 (셀라)

10 진실로 사람의 노여움은 주를 찬송하게 될 것이요 그 남은 노여움은 주께서 금하시리이다

11 너희는 여호와 너희 하나님께 서원하고 갚으라 사방에 있는 모든 사람도 마땅히 경외할 이에게 예물을 드릴지로다

12 그가 고관들의 기를 꺾으시리니 그는 세상의 왕들에게 두려움이시로다

76

2

3

4

5

6

7

8

9

10

11

12

아삽의 시, 인도자를 따라
여두둔의 법칙에 따라 부르는 노래

77 내가 내 음성으로 하나님께 부르짖으리니 내 음성으로 하나님께 부르짖으면 내게 귀를 기울이시리로다

2 나의 환난 날에 내가 주를 찾았으며 밤에는 내 손을 들고 거두지 아니하였나니 내 영혼이 위로 받기를 거절하였도다

3 내가 하나님을 기억하고 불안하여 근심하니 내 심령이 상하도다 (셀라)

4 주께서 내가 눈을 붙이지 못하게 하시니 내가 괴로워 말할 수 없나이다

5 내가 옛날 곧 지나간 세월을 생각하였사오며

6 밤에 부른 노래를 내가 기억하여 내 심령으로, 내가 내 마음으로 간구하기를

7 주께서 영원히 버리실까, 다시는 은혜를 베풀지 아니하실까,

8 그의 인자하심은 영원히 끝났는가, 그의 약속하심도 영구히 폐하였는가,

9 하나님이 그가 베푸실 은혜를 잊으셨는가, 노하심으로 그가 베푸실 긍휼을 그치셨는가 하였나이다 (셀라)

10 또 내가 말하기를 이는 나의 잘못이라 지존자의 오른손의 해

11 곧 여호와의 일들을 기억하며 주께서 옛적에 행하신 기이한 일을 기억하리이다

12 또 주의 모든 일을 작은 소리로 읊조리며 주의 행사를 낮은 소리로 되뇌이리이다

아삽의 시, 인도자를 따라
여두둔의 법칙에 따라 부르는 노래

77

2

3

4

5

6

7

8

9

10

11

12

13 하나님이여 주의 도는 극히 거룩하시오니 하나님과 같이 위대하신 신이 누구오니이까

14 주는 기이한 일을 행하신 하나님이시라 민족들 중에 주의 능력을 알리시고

15 주의 팔로 주의 백성 곧 야곱과 요셉의 자손을 속량하셨나이다 (셀라)

16 하나님이여 물들이 주를 보았나이다 물들이 주를 보고 두려워하며 깊음도 진동하였고

17 구름이 물을 쏟고 궁창이 소리를 내며 주의 화살도 날아갔나이다

18 회오리바람 중에 주의 우렛소리가 있으며 번개가 세계를 비추며 땅이 흔들리고 움직였나이다

19 주의 길이 바다에 있었고 주의 곧은 길이 큰 물에 있었으나 주의 발자취를 알 수 없었나이다

20 주의 백성을 양 떼 같이 모세와 아론의 손으로 인도하셨나이다

아삽의 마스길

78 내 백성이여, 내 율법을 들으며 내 입의 말에 귀를 기울일지어다

2 내가 입을 열어 비유로 말하며 예로부터 감추어졌던 것을 드러내려 하니

3 이는 우리가 들어서 아는 바요 우리의 조상들이 우리에게 전한 바라

4 우리가 이를 그들의 자손에게 숨기지 아니하고 여호와의 영예와 그의 능력과

13

14

15

16

17

18

19

20

아삽의 마스길

78

2

3

4

그가 행하신 기이한 사적을 후대에 전하리로다

5 여호와께서 증거를 야곱에게 세우시며 법도를 이스라엘에게 정하시고 우리 조상들에게 명령하사 그들의 자손에게 알리라 하셨으니

6 이는 그들로 후대 곧 태어날 자손에게 이를 알게 하고 그들은 일어나 그들의 자손에게 일러서

7 그들로 그들의 소망을 하나님께 두며 하나님께서 행하신 일을 잊지 아니하고 오직 그의 계명을 지켜서

8 그들의 조상들 곧 완고하고 패역하여 그들의 마음이 정직하지 못하며 그 심령이 하나님께 충성하지 아니하는 세대와 같이 되지 아니하게 하려 하심이로다

9 에브라임 자손은 무기를 갖추며 활을 가졌으나 전쟁의 날에 물러갔도다

10 그들이 하나님의 언약을 지키지 아니하고 그의 율법 준행을 거절하며

11 여호와께서 행하신 것과 그들에게 보이신 그의 기이한 일을 잊었도다

12 옛적에 하나님이 애굽 땅 소안 들에서 기이한 일을 그들의 조상들의 목전에서 행하셨으되

13 그가 바다를 갈라 물을 무더기 같이 서게 하시고 그들을 지나가게 하셨으며

14 낮에는 구름으로, 밤에는 불빛으로 인도하셨으며

5

6

7

8

9

10

11

12

13

14

15 광야에서 반석을 쪼개시고 매우 깊은 곳에서 나오는 물처럼 흡족하게 마시게 하셨으며

16 또 바위에서 시내를 내사 물이 강 같이 흐르게 하셨으나

17 그들은 계속해서 하나님께 범죄하여 메마른 땅에서 지존자를 배반하였도다

18 그들이 그들의 탐욕대로 음식을 구하여 그들의 심중에 하나님을 시험하였으며

19 그뿐 아니라 하나님을 대적하여 말하기를 하나님이 광야에서 식탁을 베푸실 수 있으랴

20 보라 그가 반석을 쳐서 물을 내시니 시내가 넘쳤으나 그가 능히 떡도 주시며 자기 백성을 위하여 고기도 예비하시랴 하였도다

21 그러므로 여호와께서 듣고 노하셨으며 야곱에게 불 같이 노하셨고 또한 이스라엘에게 진노가 불타 올랐으니

22 이는 하나님을 믿지 아니하며 그의 구원을 의지하지 아니한 때문이로다

23 그러나 그가 위의 궁창을 명령하시며 하늘 문을 여시고

24 그들에게 만나를 비 같이 내려 먹이시며 하늘 양식을 그들에게 주셨나니

25 사람이 힘센 자의 떡을 먹었으며 그가 음식을 그들에게 충족히 주셨도다

26 그가 동풍을 하늘에서 일게 하시며 그의 권능으로 남풍을 인도하시고

15

16

17

18

19

20

21

22

23

24

25

26

27 먼지처럼 많은 고기를 비 같이 내리시고 나는 새를 바다의 모래 같이 내리셨도다

28 그가 그것들을 그들의 진중에 떨어지게 하사 그들의 거처에 두르셨으므로

29 그들이 먹고 심히 배불렀나니 하나님이 그들의 원대로 그들에게 주셨도다

30 그러나 그들이 그들의 욕심을 버리지 아니하여 그들의 먹을 것이 아직 그들의 입에 있을 때에

31 하나님이 그들에게 노염을 나타내사 그들 중 강한 자를 죽이시며 이스라엘의 청년을 쳐 엎드러뜨리셨도다

32 이러함에도 그들은 여전히 범죄하여 그의 기이한 일들을 믿지 아니하였으므로

33 하나님이 그들의 날들을 헛되이 보내게 하시며 그들의 햇수를 두려움으로 보내게 하셨도다

34 하나님이 그들을 죽이실 때에 그들이 그에게 구하며 돌이켜 하나님을 간절히 찾았고

35 하나님이 그들의 반석이시며 지존하신 하나님이 그들의 구속자이심을 기억하였도다

36 그러나 그들이 입으로 그에게 아첨하며 자기 혀로 그에게 거짓을 말하였으니

37 이는 하나님께 향하는 그들의 마음이 정함이 없으며 그의 언약에 성실하지 아니하였음이로다

27

28

29

30

31

32

33

34

35

36

37

38 오직 하나님은 긍휼하시므로 죄악을 덮어 주시어 멸망시키지 아니하시고 그의 진노를 여러 번 돌이키시며 그의 모든 분을 다 쏟아 내지 아니하셨으니

39 그들은 육체이며 가고 다시 돌아오지 못하는 바람임을 기억하셨음이라

40 그들이 광야에서 그에게 반항하며 사막에서 그를 슬프시게 함이 몇 번인가

41 그들이 돌이켜 하나님을 거듭거듭 시험하며 이스라엘의 거룩하신 이를 노엽게 하였도다

42 그들이 그의 권능의 손을 기억하지 아니하며 대적에게서 그들을 구원하신 날도 기억하지 아니하였도다

43 그 때에 하나님이 애굽에서 그의 표적들을, 소안 들에서 그의 징조들을 나타내사

44 그들의 강과 시내를 피로 변하여 그들로 마실 수 없게 하시며

45 쇠파리 떼를 그들에게 보내어 그들을 물게 하시고 개구리를 보내어 해하게 하셨으며

46 그들의 토산물을 황충에게 주셨고 그들이 수고한 것을 메뚜기에게 주셨으며

47 그들의 포도나무를 우박으로, 그들의 뽕나무를 서리로 죽이셨으며

48 그들의 가축을 우박에, 그들의 양 떼를 번갯불에 넘기셨으며

49 그의 맹렬한 노여움과 진노와 분노와 고난 곧 재앙의 천사들을 그들에게 내려

38

39

40

41

42

43

44

45

46

47

48

49

보내셨으며

50 그는 진노로 길을 닦으사 그들의 목숨이 죽음을 면하지 못하게 하시고 그들의 생명을 전염병에 붙이셨으며

51 애굽에서 모든 장자 곧 함의 장막에 있는 그들의 기력의 처음 것을 치셨으나

52 그가 자기 백성은 양 같이 인도하여 내시고 광야에서 양 떼 같이 지도하셨도다

53 그들을 안전히 인도하시니 그들은 두려움이 없었으나 그들의 원수는 바다에 빠졌도다

54 그들을 그의 성소의 영역 곧 그의 오른손으로 만드신 산으로 인도하시고

55 또 나라를 그들의 앞에서 쫓아내시며 줄을 쳐서 그들의 소유를 분배하시고 이스라엘의 지파들이 그들의 장막에 살게 하셨도다

56 그러나 그들은 지존하신 하나님을 시험하고 반항하여 그의 명령을 지키지 아니하며

57 그들의 조상들 같이 배반하고 거짓을 행하여 속이는 활 같이 빗나가서

58 자기 산당들로 그의 노여움을 일으키며 그들의 조각한 우상들로 그를 진노하게 하였으매

59 하나님이 들으시고 분내어 이스라엘을 크게 미워하사

60 사람 가운데 세우신 장막 곧 실로의 성막을 떠나시고

50

51

52

53

54

55

56

57

58

59

60

61 **그가 그의 능력을 포로에게 넘겨 주시며 그의 영광을 대적의 손에 붙이시고**

62 **그가 그의 소유 때문에 분내사 그의 백성을 칼에 넘기셨으니**

63 **그들의 청년은 불에 살라지고 그들의 처녀들은 혼인 노래를 들을 수 없었으며**

64 **그들의 제사장들은 칼에 엎드러지고 그들의 과부들은 애곡도 하지 못하였도다**

65 **그 때에 주께서 잠에서 깨어난 것처럼, 포도주를 마시고 고함치는 용사처럼 일어나사**

66 **그의 대적들을 쳐 물리쳐서 영원히 그들에게 욕되게 하셨도다**

67 **또 요셉의 장막을 버리시며 에브라임 지파를 택하지 아니하시고**

68 **오직 유다 지파와 그가 사랑하시는 시온 산을 택하시며**

69 **그의 성소를 산의 높음 같이, 영원히 두신 땅 같이 지으셨도다**

70 **또 그의 종 다윗을 택하시되 양의 우리에서 취하시며**

71 **젖 양을 지키는 중에서 그를 이끌어 내사 그의 백성인 야곱, 그의 소유인 이스라엘을 기르게 하셨더니**

72 **이에 그가 그들을 자기 마음의 완전함으로 기르고 그의 손의 능숙함으로 그들을 지도하였도다**

아삽의 시

61

62

63

64

65

66

67

68

69

70

71

72

아삽의 시

79 하나님이여 이방 나라들이 주의 기업의 땅에 들어와서 주의 성전을 더럽히고 예루살렘이 돌무더기가 되게 하였나이다

2 그들이 주의 종들의 시체를 공중의 새에게 밥으로, 주의 성도들의 육체를 땅의 짐승에게 주며

3 그들의 피를 예루살렘 사방에 물 같이 흘렸으나 그들을 매장하는 자가 없었나이다

4 우리는 우리 이웃에게 비방거리가 되며 우리를 에워싼 자에게 조소와 조롱거리가 되었나이다

5 여호와여 어느 때까지니이까 영원히 노하시리이까 주의 질투가 불붙듯 하시리이까

6 주를 알지 아니하는 민족들과 주의 이름을 부르지 아니하는 나라들에게 주의 노를 쏟으소서

7 그들이 야곱을 삼키고 그의 거처를 황폐하게 함이니이다

8 우리 조상들의 죄악을 기억하지 마시고 주의 긍휼로 우리를 속히 영접하소서 우리가 매우 가련하게 되었나이다

9 우리 구원의 하나님이여 주의 이름의 영광스러운 행사를 위하여 우리를 도우시며 주의 이름을 증거하기 위하여 우리를 건지시며 우리 죄를 사하소서

10 이방 나라들이 어찌하여 그들의 하나님이 어디 있느냐 말하나이까 주의 종들

79

2

3

4

5

6

7

8

9

10

이 피 흘림에 대한 복수를 우리의 목전에 서 이방 나라에게 보여 주소서

11 갇힌 자의 탄식을 주의 앞에 이르게 하시며 죽이기로 정해진 자도 주의 크신 능력을 따라 보존하소서

12 주여 우리 이웃이 주를 비방한 그 비방을 그들의 품에 칠 배나 갚으소서

13 우리는 주의 백성이요 주의 목장의 양이니 우리는 영원히 주께 감사하며 주의 영예를 대대에 전하리이다

아삽의 시,
인도자를 따라 소산님에둣에 맞춘 노래

80 요셉을 양 떼 같이 인도하시는 이스라엘의 목자여 귀를 기울이소서 그룹 사이에 좌정하신 이여 빛을 비추소서

2 에브라임과 베냐민과 므낫세 앞에서 주의 능력을 나타내사 우리를 구원하러 오소서

3 하나님이여 우리를 돌이키시고 주의 얼굴빛을 비추사 우리가 구원을 얻게 하소서

4 만군의 하나님 여호와여 주의 백성의 기도에 대하여 어느 때까지 노하시리이까

5 주께서 그들에게 눈물의 양식을 먹이시며 많은 눈물을 마시게 하셨나이다

6 우리를 우리 이웃에게 다툼거리가 되게 하시니 우리 원수들이 서로 비웃나이다

7 만군의 하나님이여 우리를 회복하여 주시고 주의 얼굴의 광채를 비추사 우리

11

12

13

아삽의 시,
인도자를 따라 소산님에둣에 맞춘 노래

80

2

3

4

5

6

7

가 구원을 얻게 하소서

8 주께서 한 포도나무를 애굽에서 가져다가 민족들을 쫓아내시고 그것을 심으셨나이다

9 주께서 그 앞서 가꾸셨으므로 그 뿌리가 깊이 박혀서 땅에 가득하며

10 그 그늘이 산들을 가리고 그 가지는 하나님의 백향목 같으며

11 그 가지가 바다까지 뻗고 넝쿨이 강까지 미쳤거늘

12 주께서 어찌하여 그 담을 허시사 길을 지나가는 모든 이들이 그것을 따게 하셨나이까

13 숲 속의 멧돼지들이 상해하며 들짐승들이 먹나이다

14 만군의 하나님이여 구하옵나니 돌아오소서 하늘에서 굽어보시고 이 포도나무를 돌보소서

15 주의 오른손으로 심으신 줄기요 주를 위하여 힘있게 하신 가지니이다

16 그것이 불타고 베임을 당하며 주의 면책으로 말미암아 멸망하오니

17 주의 오른쪽에 있는 자 곧 주를 위하여 힘있게 하신 인자에게 주의 손을 얹으소서

18 그리하시면 우리가 주에게서 물러가지 아니하오리니 우리를 소생하게 하소서 우리가 주의 이름을 부르리이다

19 만군의 하나님 여호와여 우리를 돌이켜 주시고 주의 얼굴의 광채를 우리에게

8

9

10

11

12

13

14

15

16

17

18

19

비추소서 우리가 구원을 얻으리이다

아삽의 시, 인도자를 따라 깃딧에 맞춘 노래

81 우리의 능력이 되시는 하나님을 향하여 기쁘게 노래하며 야곱의 하나님을 향하여 즐거이 소리칠지어다

2 시를 읊으며 소고를 치고 아름다운 수금에 비파를 아우를지어다

3 초하루와 보름과 우리의 명절에 나팔을 불지어다

4 이는 이스라엘의 율례요 야곱의 하나님의 규례로다

5 하나님이 애굽 땅을 치러 나아가시던 때에 요셉의 족속 중에 이를 증거로 세우셨도다 거기서 내가 알지 못하던 말씀을 들었나니

6 이르시되 내가 그의 어깨에서 짐을 벗기고 그의 손에서 광주리를 놓게 하였도다

7 네가 고난 중에 부르짖으매 내가 너를 건졌고 우렛소리의 은밀한 곳에서 네게 응답하며 므리바 물 가에서 너를 시험하였도다 (셀라)

8 내 백성이여 들으라 내가 네게 증언하리라 이스라엘이여 내게 듣기를 원하노라

9 너희 중에 다른 신을 두지 말며 이방신에게 절하지 말지어다

10 나는 너를 애굽 땅에서 인도하여 낸 여호와 네 하나님이니 네 입을 크게 열라 내가 채우리라 하였으나

11 내 백성이 내 소리를 듣지 아니하며 이스

아삽의 시, 인도자를 따라 깃딧에 맞춘 노래

81

2

3

4

5

6

7

8

9

10

11

라엘이 나를 원하지 아니하였도다

12 그러므로 내가 그의 마음을 완악한 대로 버려 두어 그의 임의대로 행하게 하였도다

13 내 백성아 내 말을 들으라 이스라엘아 내 도를 따르라

14 그리하면 내가 속히 그들의 원수를 누르고 내 손을 돌려 그들의 대적들을 치리니

15 여호와를 미워하는 자는 그에게 복종하는 체할지라도 그들의 시대는 영원히 계속되리라

16 또 내가 기름진 밀을 그들에게 먹이며 반석에서 나오는 꿀로 너를 만족하게 하리라 하셨도다

아삽의 시

82 하나님은 신들의 모임 가운데에 서시며 하나님은 그들 가운데에서 재판하시느니라

2 너희가 불공평한 판단을 하며 악인의 낯 보기를 언제까지 하려느냐 (셀라)

3 가난한 자와 고아를 위하여 판단하며 곤란한 자와 빈궁한 자에게 공의를 베풀지며

4 가난한 자와 궁핍한 자를 구원하여 악인들의 손에서 건질지니라 하시는도다

5 그들은 알지도 못하고 깨닫지도 못하여 흑암 중에 왕래하니 땅의 모든 터가 흔들리도다

6 내가 말하기를 너희는 신들이며 다 지

12

13

14

15

16

아삽의 시

82

2

3

4

5

6

존자의 아들들이라 하였으나

7 그러나 너희는 사람처럼 죽으며 고관의 하나 같이 넘어지리로다

8 하나님이여 일어나사 세상을 심판하소서 모든 나라가 주의 소유이기 때문이니이다

아삽의 시 곧 노래

83 하나님이여 침묵하지 마소서 하나님이여 잠잠하지 마시고 조용하지 마소서

2 무릇 주의 원수들이 떠들며 주를 미워하는 자들이 머리를 들었나이다

3 그들이 주의 백성을 치려 하여 간계를 꾀하며 주께서 숨기신 자를 치려고 서로 의논하여

4 말하기를 가서 그들을 멸하여 다시 나라가 되지 못하게 하여 이스라엘의 이름으로 다시는 기억되지 못하게 하자 하나이다

5 그들이 한마음으로 의논하고 주를 대적하여 서로 동맹하니

6 곧 에돔의 장막과 이스마엘인과 모압과 하갈인이며

7 그발과 암몬과 아말렉이며 블레셋과 두로 사람이요

8 앗수르도 그들과 연합하여 롯 자손의 도움이 되었나이다 (셀라)

9 주는 미디안인에게 행하신 것 같이, 기손 시내에서 시스라와 야빈에게 행하신

7

8

아삽의 시 곧 노래

83

2

3

4

5

6

7

8

9

것 같이 그들에게도 행하소서

10 그들은 엔돌에서 패망하여 땅에 거름이 되었나이다

11 그들의 귀인들이 오렙과 스엡 같게 하시며 그들의 모든 고관들은 세바와 살문나와 같게 하소서

12 그들이 말하기를 우리가 하나님의 목장을 우리의 소유로 취하자 하였나이다

13 나의 하나님이여 그들이 굴러가는 검불 같게 하시며 바람에 날리는 지푸라기 같게 하소서

14 삼림을 사르는 불과 산에 붙는 불길 같이

15 주의 광풍으로 그들을 쫓으시며 주의 폭풍으로 그들을 두렵게 하소서

16 여호와여 그들의 얼굴에 수치가 가득하게 하사 그들이 주의 이름을 찾게 하소서

17 그들로 수치를 당하여 영원히 놀라게 하시며 낭패와 멸망을 당하게 하사

18 여호와라 이름하신 주만 온 세계의 지존자로 알게 하소서

고라 자손의 시,

인도자를 따라 깃딧에 맞춘 노래

84 만군의 여호와여 주의 장막이 어찌 그리 사랑스러운지요

2 내 영혼이 여호와의 궁정을 사모하여 쇠약함이여 내 마음과 육체가 살아 계시는 하나님께 부르짖나이다

3 나의 왕, 나의 하나님, 만군의 여호와여 주의 제단에서 참새도 제 집을 얻고 제

10

11

12

13

14

15

16

17

18

고라 자손의 시,

인도자를 따라 깃딧에 맞춘 노래

84

2

3

비도 새끼 둘 보금자리를 얻었나이다

4 **주의 집에 사는 자들은 복이 있나니 그들이 항상 주를 찬송하리이다 (셀라)**

5 **주께 힘을 얻고 그 마음에 시온의 대로가 있는 자는 복이 있나이다**

6 **그들이 눈물 골짜기로 지나갈 때에 그 곳에 많은 샘이 있을 것이며 이른 비가 복을 채워 주나이다**

7 **그들은 힘을 얻고 더 얻어 나아가 시온에서 하나님 앞에 각기 나타나리이다**

8 **만군의 하나님 여호와여 내 기도를 들으소서 야곱의 하나님이여 귀를 기울이소서 (셀라)**

9 **우리 방패이신 하나님이여 주께서 기름 부으신 자의 얼굴을 살펴 보옵소서**

10 **주의 궁정에서의 한 날이 다른 곳에서의 천 날보다 나은즉 악인의 장막에 사는 것보다 내 하나님의 성전 문지기로 있는 것이 좋사오니**

11 **여호와 하나님은 해요 방패이시라 여호와께서 은혜와 영화를 주시며 정직하게 행하는 자에게 좋은 것을 아끼지 아니하실 것임이니이다**

12 **만군의 여호와여 주께 의지하는 자는 복이 있나이다**

고라 자손의 시, 인도자를 따라 부르는 노래

85 **여호와여 주께서 주의 땅에 은혜를 베푸사 야곱의 포로 된 자들이 돌아오게 하셨으며**

4

5

6

7

8

9

10

11

12

고라 자손의 시, 인도자를 따라 부르는 노래

85

2 주의 백성의 죄악을 사하시고 그들의 모든 죄를 덮으셨나이다 (셀라)

3 주의 모든 분노를 거두시며 주의 진노를 돌이키셨나이다

4 우리 구원의 하나님이여 우리를 돌이키시고 우리에게 향하신 주의 분노를 거두소서

5 주께서 우리에게 영원히 노하시며 대대에 진노하시겠나이까

6 주께서 우리를 다시 살리사 주의 백성이 주를 기뻐하도록 하지 아니하시겠나이까

7 여호와여 주의 인자하심을 우리에게 보이시며 주의 구원을 우리에게 주소서

8 내가 하나님 여호와께서 하실 말씀을 들으리니 무릇 그의 백성, 그의 성도들에게 화평을 말씀하실 것이라 그들은 다시 어리석은 데로 돌아가지 말지로다

9 진실로 그의 구원이 그를 경외하는 자에게 가까우니 영광이 우리 땅에 머무르리이다

10 인애와 진리가 같이 만나고 의와 화평이 서로 입맞추었으며

11 진리는 땅에서 솟아나고 의는 하늘에서 굽어보도다

12 여호와께서 좋은 것을 주시리니 우리 땅이 그 산물을 내리로다

13 의가 주의 앞에 앞서 가며 주의 길을 닦으리로다

2

3

4

5

6

7

8

9

10

11

12

13

다윗의 기도

86 여호와여 나는 가난하고 궁핍하오니 주의 귀를 기울여 내게 응답하소서

2 나는 경건하오니 내 영혼을 보존하소서 내 주 하나님이여 주를 의지하는 종을 구원하소서

3 주여 내게 은혜를 베푸소서 내가 종일 주께 부르짖나이다

4 주여 내 영혼이 주를 우러러보오니 주여 내 영혼을 기쁘게 하소서

5 주는 선하사 사죄하기를 즐거워하시며 주께 부르짖는 자에게 인자함이 후하심이니이다

6 여호와여 나의 기도에 귀를 기울이시고 내가 간구하는 소리를 들으소서

7 나의 환난 날에 내가 주께 부르짖으리니 주께서 내게 응답하시리이다

8 주여 신들 중에 주와 같은 자 없사오며 주의 행하심과 같은 일도 없나이다

9 주여 주께서 지으신 모든 민족이 와서 주의 앞에 경배하며 주의 이름에 영광을 돌리리이다

10 무릇 주는 위대하사 기이한 일들을 행하시오니 주만이 하나님이시니이다

11 여호와여 주의 도를 내게 가르치소서 내가 주의 진리에 행하오리니 일심으로 주의 이름을 경외하게 하소서

12 주 나의 하나님이여 내가 전심으로 주

다윗의 기도

86

2

3

4

5

6

7

8

9

10

11

12

를 찬송하고 영원토록 주의 이름에 영광을 돌리오리니

13 이는 내게 향하신 주의 인자하심이 크사 내 영혼을 깊은 스올에서 건지셨음이니이다

14 하나님이여 교만한 자들이 일어나 나를 치고 포악한 자의 무리가 내 영혼을 찾았사오며 자기 앞에 주를 두지 아니하였나이다

15 그러나 주여 주는 긍휼히 여기시며 은혜를 베푸시며 노하기를 더디하시며 인자와 진실이 풍성하신 하나님이시오니

16 내게로 돌이키사 내게 은혜를 베푸소서 주의 종에게 힘을 주시고 주의 여종의 아들을 구원하소서

17 은총의 표적을 내게 보이소서 그러면 나를 미워하는 그들이 보고 부끄러워하오리니 여호와여 주는 나를 돕고 위로하시는 이시니이다

고라 자손의 시 곧 노래

87 그의 터전이 성산에 있음이여 2 여호와께서 야곱의 모든 거처보다 시온의 문들을 사랑하시는도다

3 하나님의 성이여 너를 가리켜 영광스럽다 말하는도다 (셀라)

4 나는 라합과 바벨론이 나를 아는 자 중에 있다 말하리라 보라 블레셋과 두로와 구스여 이것들도 거기서 났다 하리로다

5 시온에 대하여 말하기를 이 사람, 저

13

14

15

16

17

고라 자손의 시 곧 노래

87 2

3

4

5

사람이 거기서 났다고 말하리니 지존자가 친히 시온을 세우리라 하는도다

6 여호와께서 민족들을 등록하실 때에는 그 수를 세시며 이 사람이 거기서 났다 하시리로다 (셀라)

7 노래하는 자와 뛰어 노는 자들이 말하기를 나의 모든 근원이 네게 있다 하리로다

고라 자손의 찬송 시

곧 에스라인 헤만의 마스길, 인도자를 따라

마할랏르안놋에 맞춘 노래

88 여호와 내 구원의 하나님이여 내가 주야로 주 앞에서 부르짖었사오니

2 나의 기도가 주 앞에 이르게 하시며 나의 부르짖음에 주의 귀를 기울여 주소서

3 무릇 나의 영혼에는 재난이 가득하며 나의 생명은 스올에 가까웠사오니

4 나는 무덤에 내려가는 자 같이 인정되고 힘없는 용사와 같으며

5 죽은 자 중에 던져진 바 되었으며 죽임을 당하여 무덤에 누운 자 같으니이다 주께서 그들을 다시 기억하지 아니하시니 그들은 주의 손에서 끊어진 자니이다

6 주께서 나를 깊은 웅덩이와 어둡고 음침한 곳에 두셨사오며

7 주의 노가 나를 심히 누르시고 주의 모든 파도가 나를 괴롭게 하셨나이다 (셀라)

8 주께서 내가 아는 자를 내게서 멀리 떠나게 하시고 나를 그들에게 가증한 것이

6

7

고라 자손의 찬송 시

곧 에스라인 헤만의 마스길, 인도자를 따라

마할랏르안놋에 맞춘 노래

88

2

3

4

5

6

7

8

되게 하셨사오니 나는 갇혀서 나갈 수 없게 되었나이다

9 **곤란으로 말미암아 내 눈이 쇠하였나이다 여호와여 내가 매일 주를 부르며 주를 향하여 나의 두 손을 들었나이다**

10 **주께서 죽은 자에게 기이한 일을 보이시겠나이까 유령들이 일어나 주를 찬송하리이까 (셀라)**

11 **주의 인자하심을 무덤에서, 주의 성실하심을 멸망 중에서 선포할 수 있으리이까**

12 **흑암 중에서 주의 기적과 잊음의 땅에서 주의 공의를 알 수 있으리이까**

13 **여호와여 오직 내가 주께 부르짖었사오니 아침에 나의 기도가 주의 앞에 이르리이다**

14 **여호와여 어찌하여 나의 영혼을 버리시며 어찌하여 주의 얼굴을 내게서 숨기시나이까**

15 **내가 어릴 적부터 고난을 당하여 죽게 되었사오며 주께서 두렵게 하실 때에 당황하였나이다**

16 **주의 진노가 내게 넘치고 주의 두려움이 나를 끊었나이다**

17 **이런 일이 물 같이 종일 나를 에우며 함께 나를 둘러쌌나이다**

18 **주는 내게서 사랑하는 자와 친구를 멀리 떠나게 하시며 내가 아는 자를 흑암에 두셨나이다**

9

10

11

12

13

14

15

16

17

18

에스라인 에단의 마스길

89 내가 여호와의 인자하심을 영원히 노래하며 주의 성실하심을 내 입으로 대대에 알게 하리이다

2 내가 말하기를 인자하심을 영원히 세우시며 주의 성실하심을 하늘에서 견고히 하시리라 하였나이다

3 주께서 이르시되 나는 내가 택한 자와 언약을 맺으며 내 종 다윗에게 맹세하기를

4 내가 네 자손을 영원히 견고히 하며 네 왕위를 대대에 세우리라 하셨나이다 (셀라)

5 여호와여 주의 기이한 일을 하늘이 찬양할 것이요 주의 성실도 거룩한 자들의 모임 가운데에서 찬양하리이다

6 무릇 구름 위에서 능히 여호와와 비교할 자 누구며 신들 중에서 여호와와 같은 자 누구리이까

7 하나님은 거룩한 자의 모임 가운데에서 매우 무서워할 이시오며 둘러 있는 모든 자 위에 더욱 두려워할 이시니이다

8 여호와 만군의 하나님이여 주와 같이 능력 있는 이가 누구리이까 여호와여 주의 성실하심이 주를 둘렀나이다

9 주께서 바다의 파도를 다스리시며 그 파도가 일어날 때에 잔잔하게 하시나이다

10 주께서 라합을 죽임 당한 자 같이 깨뜨리시고 주의 원수를 주의 능력의 팔로 흩으셨나이다

에스라인 에단의 마스길

89

2

3

4

5

6

7

8

9

10

11 하늘이 주의 것이요 땅도 주의 것이라 세계와 그 중에 충만한 것을 주께서 건설하셨나이다

12 남북을 주께서 창조하셨으니 다볼과 헤르몬이 주의 이름으로 말미암아 즐거워하나이다

13 주의 팔에 능력이 있사오며 주의 손은 강하고 주의 오른손은 높이 들리우셨나이다

14 의와 공의가 주의 보좌의 기초라 인자함과 진실함이 주 앞에 있나이다

15 즐겁게 소리칠 줄 아는 백성은 복이 있나니 여호와여 그들이 주의 얼굴 빛 안에서 다니리로다

16 그들은 종일 주의 이름 때문에 기뻐하며 주의 공의로 말미암아 높아지오니

17 주는 그들의 힘의 영광이심이라 우리의 뿔이 주의 은총으로 높아지오리니

18 우리의 방패는 여호와께 속하였고 우리의 왕은 이스라엘의 거룩한 이에게 속하였기 때문이니이다

19 그 때에 주께서 환상 중에 주의 성도들에게 말씀하여 이르시기를 내가 능력 있는 용사에게는 돕는 힘을 더하며 백성 중에서 택함 받은 자를 높였으되

20 내가 내 종 다윗을 찾아내어 나의 거룩한 기름을 그에게 부었도다

21 내 손이 그와 함께 하여 견고하게 하고 내 팔이 그를 힘이 있게 하리로다

11

12

13

14

15

16

17

18

19

20

21

22 원수가 그에게서 강탈하지 못하며 악한 자가 그를 곤고하게 못하리로다

23 내가 그의 앞에서 그 대적들을 박멸하며 그를 미워하는 자들을 치려니와

24 나의 성실함과 인자함이 그와 함께 하리니 내 이름으로 말미암아 그의 뿔이 높아지리로다

25 내가 또 그의 손을 바다 위에 놓으며 오른손을 강들 위에 놓으리니

26 그가 내게 부르기를 주는 나의 아버지시요 나의 하나님이시요 나의 구원의 바위시라 하리로다

27 내가 또 그를 장자로 삼고 세상 왕들에게 지존자가 되게 하며

28 그를 위하여 나의 인자함을 영원히 지키고 그와 맺은 나의 언약을 굳게 세우며

29 또 그의 후손을 영구하게 하여 그의 왕위를 하늘의 날과 같게 하리로다

30 만일 그의 자손이 내 법을 버리며 내 규례대로 행하지 아니하며

31 내 율례를 깨뜨리며 내 계명을 지키지 아니하면

32 내가 회초리로 그들의 죄를 다스리며 채찍으로 그들의 죄악을 벌하리로다

33 그러나 나의 인자함을 그에게서 다 거두지는 아니하며 나의 성실함도 폐하지 아니하며

34 내 언약을 깨뜨리지 아니하고 내 입술에서 낸 것은 변하지 아니하리로다

22

23

24

25

26

27

28

29

30

31

32

33

34

35 내가 나의 거룩함으로 한 번 맹세하였은즉 다윗에게 거짓말을 하지 아니할 것이라

36 그의 후손이 장구하고 그의 왕위는 해 같이 내 앞에 항상 있으며

37 또 궁창의 확실한 증인인 달 같이 영원히 견고하게 되리라 하셨도다 (셀라)

38 그러나 주께서 주의 기름 부음 받은 자에게 노하사 물리치셔서 버리셨으며

39 주의 종의 언약을 미워하사 그의 관을 땅에 던져 욕되게 하셨으며

40 그의 모든 울타리를 파괴하시며 그 요새를 무너뜨리셨으므로

41 길로 지나가는 자들에게 다 탈취를 당하며 그의 이웃에게 욕을 당하나이다

42 주께서 그의 대적들의 오른손을 높이시고 그들의 모든 원수들은 기쁘게 하셨으나

43 그의 칼날은 둔하게 하사 그가 전장에서 더 이상 버티지 못하게 하셨으며

44 그의 영광을 그치게 하시고 그의 왕위를 땅에 엎으셨으며

45 그의 젊은 날들을 짧게 하시고 그를 수치로 덮으셨나이다 (셀라)

46 여호와여 언제까지니이까 스스로 영원히 숨기시리이까 주의 노가 언제까지 불붙듯 하시겠나이까

47 나의 때가 얼마나 짧은지 기억하소서 주께서 모든 사람을 어찌 그리 허무하게

35

36

37

38

39

40

41

42

43

44

45

46

47

창조하셨는지요

48 누가 살아서 죽음을 보지 아니하고 자기의 영혼을 스올의 권세에서 건지리이까 (셀라)

49 주여 주의 성실하심으로 다윗에게 맹세하신 그 전의 인자하심이 어디 있나이까

50 주는 주의 종들이 받은 비방을 기억하소서 많은 민족의 비방이 내 품에 있사오니

51 여호와여 이 비방은 주의 원수들이 주의 기름 부음 받은 자의 행동을 비방한 것이로소이다

52 여호와를 영원히 찬송할지어다 아멘 아멘

제 사 권

하나님의 사람 모세의 기도

90 주여 주는 대대에 우리의 거처가 되셨나이다

2 산이 생기기 전, 땅과 세계도 주께서 조성하시기 전 곧 영원부터 영원까지 주는 하나님이시니이다

3 주께서 사람을 티끌로 돌아가게 하시고 말씀하시기를 너희 인생들은 돌아가라 하셨사오니

4 주의 목전에는 천 년이 지나간 어제 같으며 밤의 한 순간 같을 뿐임이니이다

5 주께서 그들을 홍수처럼 쓸어가시나이다 그들은 잠깐 자는 것 같으며 아침에 돋는 풀 같으니이다

6 풀은 아침에 꽃이 피어 자라다가 저녁

48

49

50

51

52

제 사 권

하나님의 사람 모세의 기도

90

2

3

4

5

6

에는 시들어 마르나이다

7 우리는 주의 노에 소멸되며 주의 분내심에 놀라나이다

8 주께서 우리의 죄악을 주의 앞에 놓으시며 우리의 은밀한 죄를 주의 얼굴 빛 가운데에 두셨사오니

9 우리의 모든 날이 주의 분노 중에 지나가며 우리의 평생이 순식간에 다하였나이다

10 우리의 연수가 칠십이요 강건하면 팔십이라도 그 연수의 자랑은 수고와 슬픔뿐이요 신속히 가니 우리가 날아가나이다

11 누가 주의 노여움의 능력을 알며 누가 주의 진노의 두려움을 알리이까

12 우리에게 우리 날 계수함을 가르치사 지혜로운 마음을 얻게 하소서

13 여호와여 돌아오소서 언제까지니이까 주의 종들을 불쌍히 여기소서

14 아침에 주의 인자하심이 우리를 만족하게 하사 우리를 일생 동안 즐겁고 기쁘게 하소서

15 우리를 괴롭게 하신 날수대로와 우리가 화를 당한 연수대로 우리를 기쁘게 하소서

16 주께서 행하신 일을 주의 종들에게 나타내시며 주의 영광을 그들의 자손에게 나타내소서

17 주 우리 하나님의 은총을 우리에게 내

7

8

9

10

11

12

13

14

15

16

17

리게 하사 우리의 손이 행한 일을 우리에게 견고하게 하소서 우리의 손이 행한 일을 견고하게 하소서

91 지존자의 은밀한 곳에 거주하며 전능자의 그늘 아래에 사는 자여,

2 나는 여호와를 향하여 말하기를 그는 나의 피난처요 나의 요새요 내가 의뢰하는 하나님이라 하리니

3 이는 그가 너를 새 사냥꾼의 올무에서와 심한 전염병에서 건지실 것임이로다

4 그가 너를 그의 깃으로 덮으시리니 네가 그의 날개 아래에 피하리로다 그의 진실함은 방패와 손 방패가 되시나니

5 너는 밤에 찾아오는 공포와 낮에 날아드는 화살과

6 어두울 때 퍼지는 전염병과 밝을 때 닥쳐오는 재앙을 두려워하지 아니하리로다

7 천 명이 네 왼쪽에서, 만 명이 네 오른쪽에서 엎드러지나 이 재앙이 네게 가까이 하지 못하리로다

8 오직 너는 똑똑히 보리니 악인들의 보응을 네가 보리로다

9 네가 말하기를 여호와는 나의 피난처시라 하고 지존자를 너의 거처로 삼았으므로

10 화가 네게 미치지 못하며 재앙이 네 장막에 가까이 오지 못하리니

11 그가 너를 위하여 그의 천사들을 명령하사 네 모든 길에서 너를 지키게 하심이라

91

2

3

4

5

6

7

8

9

10

11

12 **그들이 그들의 손으로 너를 붙들어 발이 돌에 부딪히지 아니하게 하리로다**

13 **네가 사자와 독사를 밟으며 젊은 사자와 뱀을 발로 누르리로다**

14 **하나님이 이르시되 그가 나를 사랑한즉 내가 그를 건지리라 그가 내 이름을 안즉 내가 그를 높이리라**

15 **그가 내게 간구하리니 내가 그에게 응답하리라 그들이 환난 당할 때에 내가 그와 함께 하여 그를 건지고 영화롭게 하리라**

16 **내가 그를 장수하게 함으로 그를 만족하게 하며 나의 구원을 그에게 보이리라 하시도다**

안식일의 찬송 시

92 1-3 **지존자여 십현금과 비파와 수금으로 여호와께 감사하며 주의 이름을 찬양하고 아침마다 주의 인자하심을 알리며 밤마다 주의 성실하심을 베풂이 좋으니이다**

4 **여호와여 주께서 행하신 일로 나를 기쁘게 하셨으니 주의 손이 행하신 일로 말미암아 내가 높이 외치리이다**

5 **여호와여 주께서 행하신 일이 어찌 그리 크신지요 주의 생각이 매우 깊으시니이다**

6 **어리석은 자도 알지 못하며 무지한 자도 이를 깨닫지 못하나이다**

7 **악인들은 풀 같이 자라고 악을 행하는 자들은 다 흥왕할지라도 영원히 멸망하리이다**

12

13

14

15

16

안식일의 찬송 시

92 1-3

4

5

6

7

8 여호와여 주는 영원토록 지존하시니이다

9 여호와여 주의 원수들은 패망하리이다 정녕 주의 원수들은 패망하리니 죄악을 행하는 자들은 다 흩어지리이다

10 그러나 주께서 내 뿔을 들소의 뿔 같이 높이셨으며 내게 신선한 기름을 부으셨나이다

11 내 원수들이 보응 받는 것을 내 눈으로 보며 일어나 나를 치는 행악자들이 보응 받는 것을 내 귀로 들었도다

12 의인은 종려나무 같이 번성하며 레바논의 백향목 같이 성장하리로다

13 이는 여호와의 집에 심겼음이여 우리 하나님의 뜰 안에서 번성하리로다

14 그는 늙어도 여전히 결실하며 진액이 풍족하고 빛이 청청하니

15 여호와의 정직하심과 나의 바위 되심과 그에게는 불의가 없음이 선포되리로다

93 여호와께서 다스리시니 스스로 권위를 입으셨도다 여호와께서 능력의 옷을 입으시며 띠를 띠셨으므로 세계도 견고히 서서 흔들리지 아니하는도다

2 주의 보좌는 예로부터 견고히 섰으며 주는 영원부터 계셨나이다

3 여호와여 큰 물이 소리를 높였고 큰 물이 그 소리를 높였으니 큰 물이 그 물결을 높이나이다

4 높이 계신 여호와의 능력은 많은 물 소

8

9

10

11

12

13

14

15

93

2

3

4

리와 바다의 큰 파도보다 크니이다

5 여호와여 주의 증거들이 매우 확실하고 거룩함이 주의 집에 합당하니 여호와는 영원무궁하시리이다

94 여호와여 복수하시는 하나님이여 복수하시는 하나님이여 빛을 비추어 주소서

2 세계를 심판하시는 주여 일어나사 교만한 자들에게 마땅한 벌을 주소서

3 여호와여 악인이 언제까지, 악인이 언제까지 개가를 부르리이까

4 그들이 마구 지껄이며 오만하게 떠들며 죄악을 행하는 자들이 다 자만하나이다

5 여호와여 그들이 주의 백성을 짓밟으며 주의 소유를 곤고하게 하며

6 과부와 나그네를 죽이며 고아들을 살해하며

7 말하기를 여호와가 보지 못하며 야곱의 하나님이 알아차리지 못하리라 하나이다

8 백성 중의 어리석은 자들아 너희는 생각하라 무지한 자들아 너희가 언제나 지혜로울까

9 귀를 지으신 이가 듣지 아니하시랴 눈을 만드신 이가 보지 아니하시랴

10 뭇 백성을 징벌하시는 이 곧 지식으로 사람을 교훈하시는 이가 징벌하지 아니하시랴

11 여호와께서는 사람의 생각이 허무함

5

94

2

3

4

5

6

7

8

9

10

11

을 아시느니라

12 여호와여 주로부터 징벌을 받으며 주의 법으로 교훈하심을 받는 자가 복이 있나니

13 이런 사람에게는 환난의 날을 피하게 하사 악인을 위하여 구덩이를 팔 때까지 평안을 주시리이다

14 여호와께서는 자기 백성을 버리지 아니하시며 자기의 소유를 외면하지 아니하시리로다

15 심판이 의로 돌아가리니 마음이 정직한 자가 다 따르리로다

16 누가 나를 위하여 일어나서 행악자들을 치며 누가 나를 위하여 일어나서 악행하는 자들을 칠까

17 여호와께서 내게 도움이 되지 아니하셨더면 내 영혼이 벌써 침묵 속에 잠겼으리로다

18 여호와여 나의 발이 미끄러진다고 말할 때에 주의 인자하심이 나를 붙드셨사오며

19 내 속에 근심이 많을 때에 주의 위안이 내 영혼을 즐겁게 하시나이다

20 율례를 빙자하고 재난을 꾸미는 악한 재판장이 어찌 주와 어울리리이까

21 그들이 모여 의인의 영혼을 치려 하며 무죄한 자를 정죄하여 피를 흘리려 하나

22 여호와는 나의 요새이시요 나의 하나님은 내가 피할 반석이시라

12

13

14

15

16

17

18

19

20

21

22

23 그들의 죄악을 그들에게로 되돌리시며 그들의 악으로 말미암아 그들을 끊으시리니 여호와 우리 하나님이 그들을 끊으시리로다

95 오라 우리가 여호와께 노래하며 우리의 구원의 반석을 향하여 즐거이 외치자

2 우리가 감사함으로 그 앞에 나아가며 시를 지어 즐거이 그를 노래하자

3 여호와는 크신 하나님이시요 모든 신들보다 크신 왕이시기 때문이로다

4 땅의 깊은 곳이 그의 손 안에 있으며 산들의 높은 곳도 그의 것이로다

5 바다도 그의 것이라 그가 만드셨고 육지도 그의 손이 지으셨도다

6 오라 우리가 굽혀 경배하며 우리를 지으신 여호와 앞에 무릎을 꿇자

7 그는 우리의 하나님이시요 우리는 그가 기르시는 백성이며 그의 손이 돌보시는 양이기 때문이라 너희가 오늘 그의 음성을 듣거든

8 너희는 므리바에서와 같이 또 광야의 맛사에서 지냈던 날과 같이 너희 마음을 완악하게 하지 말지어다

9 그 때에 너희 조상들이 내가 행한 일을 보고서도 나를 시험하고 조사하였도다

10 내가 사십 년 동안 그 세대로 말미암아 근심하여 이르기를 그들은 마음이 미혹된 백성이라 내 길을 알지 못한다 하였도다

23

95

2

3

4

5

6

7

8

9

10

11 그러므로 내가 노하여 맹세하기를 그들은 내 안식에 들어오지 못하리라 하였도다

96 새 노래로 여호와께 노래하라 온 땅이여 여호와께 노래할지어다

2 여호와께 노래하여 그의 이름을 송축하며 그의 구원을 날마다 전파할지어다

3 그의 영광을 백성들 가운데에, 그의 기이한 행적을 만민 가운데에 선포할지어다

4 여호와는 위대하시니 지극히 찬양할 것이요 모든 신들보다 경외할 것임이여

5 만국의 모든 신들은 우상들이지만 여호와께서는 하늘을 지으셨음이로다

6 존귀와 위엄이 그의 앞에 있으며 능력과 아름다움이 그의 성소에 있도다

7 만국의 족속들아 영광과 권능을 여호와께 돌릴지어다 여호와께 돌릴지어다

8 여호와의 이름에 합당한 영광을 그에게 돌릴지어다 예물을 들고 그의 궁정에 들어갈지어다

9 아름답고 거룩한 것으로 여호와께 예배할지어다 온 땅이여 그 앞에서 떨지어다

10 모든 나라 가운데서 이르기를 여호와께서 다스리시니 세계가 굳게 서고 흔들리지 않으리라 그가 만민을 공평하게 심판하시리라 할지로다

11 하늘은 기뻐하고 땅은 즐거워하며 바다와 거기에 충만한 것이 외치고

12 밭과 그 가운데에 있는 모든 것은 즐거

11

96

2

3

4

5

6

7

8

9

10

11

12

위할지로다 그 때 숲의 모든 나무들이 여호와 앞에서 즐거이 노래하리니

13 그가 임하시되 땅을 심판하러 임하실 것임이라 그가 의로 세계를 심판하시며 그의 진실하심으로 백성을 심판하시리로다

13

97

여호와께서 다스리시나니 땅은 즐거워하며 허다한 섬은 기뻐할지어다

97

2 구름과 흑암이 그를 둘렀고 의와 공평이 그의 보좌의 기초로다

2

3 불이 그의 앞에서 나와 사방의 대적들을 불사르시는도다

3

4 그의 번개가 세계를 비추니 땅이 보고 떨었도다

4

5 산들이 여호와의 앞 곧 온 땅의 주 앞에서 밀랍 같이 녹았도다

5

6 하늘이 그의 의를 선포하니 모든 백성이 그의 영광을 보았도다

6

7 조각한 신상을 섬기며 허무한 것으로 자랑하는 자는 다 수치를 당할 것이라 너희 신들아 여호와께 경배할지어다

7

8 여호와여 시온이 주의 심판을 듣고 기뻐하며 유다의 딸들이 즐거워하였나이다

8

9 여호와여 주는 온 땅 위에 지존하시고 모든 신들보다 위에 계시니이다

9

10 여호와를 사랑하는 너희여 악을 미워하라 그가 그의 성도의 영혼을 보전하사 악인의 손에서 건지시느니라

10

11 의인을 위하여 빛을 뿌리고 마음이 정직한 자를 위하여 기쁨을 뿌리시는도다

11

12 의인이여 너희는 여호와로 말미암아 기뻐하며 그의 거룩한 이름에 감사할지어다

시

98 새 노래로 여호와께 찬송하라 그는 기이한 일을 행하사 그의 오른손과 거룩한 팔로 자기를 위하여 구원을 베푸셨음이로다

2 여호와께서 그의 구원을 알게 하시며 그의 공의를 뭇 나라의 목전에서 명백히 나타내셨도다

3 그가 이스라엘의 집에 베푸신 인자와 성실을 기억하셨으므로 땅 끝까지 이르는 모든 것이 우리 하나님의 구원을 보았도다

4 온 땅이여 여호와께 즐거이 소리칠지어다 소리 내어 즐겁게 노래하며 찬송할지어다

5 수금으로 여호와를 노래하라 수금과 음성으로 노래할지어다

6 나팔과 호각 소리로 왕이신 여호와 앞에 즐겁게 소리칠지어다

7 바다와 거기 충만한 것과 세계와 그 중에 거주하는 자는 다 외칠지어다

8 여호와 앞에서 큰 물은 박수할지어다 산악이 함께 즐겁게 노래할지어다

9 그가 땅을 심판하러 임하실 것임이로다 그가 의로 세계를 판단하시며 공평으로 그의 백성을 심판하시리로다

12

시

98

2

3

4

5

6

7

8

9

99 여호와께서 다스리시니 만민이 떨 것이요 여호와께서 그룹 사이에 좌정하시니 땅이 흔들릴 것이로다

2 시온에 계시는 여호와는 위대하시고 모든 민족보다 높으시도다

3 주의 크고 두려운 이름을 찬송할지니 그는 거룩하심이로다

4 능력 있는 왕은 정의를 사랑하느니라 주께서 공의를 견고하게 세우시고 주께서 야곱에게 정의와 공의를 행하시나이다

5 너희는 여호와 우리 하나님을 높여 그의 발등상 앞에서 경배할지어다 그는 거룩하시도다

6 그의 제사장들 중에는 모세와 아론이 있고 그의 이름을 부르는 자들 중에는 사무엘이 있도다 그들이 여호와께 간구하매 응답하셨도다

7 여호와께서 구름 기둥 가운데서 그들에게 말씀하시니 그들은 그가 그들에게 주신 증거와 율례를 지켰도다

8 여호와 우리 하나님이여 주께서는 그들에게 응답하셨고 그들의 행한 대로 갚기는 하셨으나 그들을 용서하신 하나님이시니이다

9 너희는 여호와 우리 하나님을 높이고 그 성산에서 예배할지어다 여호와 우리 하나님은 거룩하심이로다

감사의 시

100 온 땅이여 여호와께 즐거운 찬송을 부를지어다

99

2

3

4

5

6

7

8

9

감사의 시

100

2 기쁨으로 여호와를 섬기며 노래하면서 그의 앞에 나아갈지어다

3 여호와가 우리 하나님이신 줄 너희는 알지어다 그는 우리를 지으신 이요 우리는 그의 것이니 그의 백성이요 그의 기르시는 양이로다

4 감사함으로 그의 문에 들어가며 찬송함으로 그의 궁정에 들어가서 그에게 감사하며 그의 이름을 송축할지어다

5 여호와는 선하시니 그의 인자하심이 영원하고 그의 성실하심이 대대에 이르리로다

다윗의 시

101 내가 인자와 정의를 노래하겠나이다 여호와여 내가 주께 찬양하리이다

2 내가 완전한 길을 주목하오리니 주께서 어느 때나 내게 임하시겠나이까 내가 완전한 마음으로 내 집 안에서 행하리이다

3 나는 비천한 것을 내 눈 앞에 두지 아니할 것이요 배교자들의 행위를 내가 미워하오리니 나는 그 어느 것도 붙들지 아니하리이다

4 사악한 마음이 내게서 떠날 것이니 악한 일을 내가 알지 아니하리로다

5 자기의 이웃을 은근히 헐뜯는 자를 내가 멸할 것이요 눈이 높고 마음이 교만한 자를 내가 용납하지 아니하리로다

6 내 눈이 이 땅의 충성된 자를 살펴 나

2

3

4

5

다윗의 시

101

2

3

4

5

6

와 함께 살게 하리니 완전한 길에 행하는 자가 나를 따르리로다

7 거짓을 행하는 자는 내 집 안에 거주하지 못하며 거짓말하는 자는 내 목전에 서지 못하리로다

8 아침마다 내가 이 땅의 모든 악인을 멸하리니 악을 행하는 자는 여호와의 성에서 다 끊어지리로다

고난 당한 자가 마음이 상하여
그의 근심을 여호와 앞에 토로하는 기도

102 여호와여 내 기도를 들으시고 나의 부르짖음을 주께 상달하게 하소서

2 나의 괴로운 날에 주의 얼굴을 내게서 숨기지 마소서 주의 귀를 내게 기울이사 내가 부르짖는 날에 속히 내게 응답하소서

3 내 날이 연기 같이 소멸하며 내 뼈가 숯 같이 탔음이니이다

4 내가 음식 먹기도 잊었으므로 내 마음이 풀 같이 시들고 말라 버렸사오며

5 나의 탄식 소리로 말미암아 나의 살이 뼈에 붙었나이다

6 나는 광야의 올빼미 같고 황폐한 곳의 부엉이 같이 되었사오며

7 내가 밤을 새우니 지붕 위의 외로운 참새 같으니이다

8 내 원수들이 종일 나를 비방하며 내게 대항하여 미칠 듯이 날뛰는 자들이 나를 가리켜 맹세하나이다

7

8

고난 당한 자가 마음이 상하여
그의 근심을 여호와 앞에 토로하는 기도

102

2

3

4

5

6

7

8

9 나는 재를 양식 같이 먹으며 나는 눈물 섞인 물을 마셨나이다

10 주의 분노와 진노로 말미암음이라 주께서 나를 들어서 던지셨나이다

11 내 날이 기울어지는 그림자 같고 내가 풀의 시들어짐 같으니이다

12 여호와여 주는 영원히 계시고 주에 대한 기억은 대대에 이르리이다

13 주께서 일어나사 시온을 긍휼히 여기시리니 지금은 그에게 은혜를 베푸실 때라 정한 기한이 다가옴이니이다

14 주의 종들이 시온의 돌들을 즐거워하며 그의 티끌도 은혜를 받나이다

15 이에 뭇 나라가 여호와의 이름을 경외하며 이 땅의 모든 왕들이 주의 영광을 경외하리니

16 여호와께서 시온을 건설하시고 그의 영광 중에 나타나셨음이라

17 여호와께서 빈궁한 자의 기도를 돌아보시며 그들의 기도를 멸시하지 아니하셨도다

18 이 일이 장래 세대를 위하여 기록되리니 창조함을 받을 백성이 여호와를 찬양하리로다

19 여호와께서 그의 높은 성소에서 굽어보시며 하늘에서 땅을 살펴 보셨으니

20 이는 갇힌 자의 탄식을 들으시며 죽이기로 정한 자를 해방하사

21 여호와의 이름을 시온에서, 그 영예를

9

10

11

12

13

14

15

16

17

18

19

20

21

예루살렘에서 선포하게 하려 하심이라

22 **그 때에 민족들과 나라들이 함께 모여 여호와를 섬기리로다**

23 **그가 내 힘을 중도에 쇠약하게 하시며 내 날을 짧게 하셨도다**

24 **나의 말이 나의 하나님이여 나의 중년에 나를 데려가지 마옵소서 주의 연대는 대대에 무궁하니이다**

25 **주께서 옛적에 땅의 기초를 놓으셨사오며 하늘도 주의 손으로 지으신 바니이다**

26 **천지는 없어지려니와 주는 영존하시겠고 그것들은 다 옷 같이 낡으리니 의복 같이 바꾸시면 바뀌려니와**

27 **주는 한결같으시고 주의 연대는 무궁하리이다**

28 **주의 종들의 자손은 항상 안전히 거주하고 그의 후손은 주 앞에 굳게 서리이다 하였도다**

다윗의 시

103 **내 영혼아 여호와를 송축하라 내 속에 있는 것들아 다 그의 거룩한 이름을 송축하라**

2 **내 영혼아 여호와를 송축하며 그의 모든 은택을 잊지 말지어다**

3 **그가 네 모든 죄악을 사하시며 네 모든 병을 고치시며**

4 **네 생명을 파멸에서 속량하시고 인자와 긍휼로 관을 씌우시며**

5 **좋은 것으로 네 소원을 만족하게 하사**

22

23

24

25

26

27

28

다윗의 시

103

2

3

4

5

네 청춘을 독수리 같이 새롭게 하시는도다

6 여호와께서 공의로운 일을 행하시며 억압 당하는 모든 자를 위하여 심판하시는도다

7 그의 행위를 모세에게, 그의 행사를 이스라엘 자손에게 알리셨도다

8 여호와는 긍휼이 많으시고 은혜로우시며 노하기를 더디 하시고 인자하심이 풍부하시도다

9 자주 경책하지 아니하시며 노를 영원히 품지 아니하시리로다

10 우리의 죄를 따라 우리를 처벌하지는 아니하시며 우리의 죄악을 따라 우리에게 그대로 갚지는 아니하셨으니

11 이는 하늘이 땅에서 높음 같이 그를 경외하는 자에게 그의 인자하심이 크심이로다

12 동이 서에서 먼 것 같이 우리의 죄과를 우리에게서 멀리 옮기셨으며

13 아버지가 자식을 긍휼히 여김 같이 여호와께서는 자기를 경외하는 자를 긍휼히 여기시나니

14 이는 그가 우리의 체질을 아시며 우리가 단지 먼지뿐임을 기억하심이로다

15 인생은 그 날이 풀과 같으며 그 영화가 들의 꽃과 같도다

16 그것은 바람이 지나가면 없어지나니 그 있던 자리도 다시 알지 못하거니와

17 여호와의 인자하심은 자기를 경외하

6

7

8

9

10

11

12

13

14

15

16

17

는 자에게 영원부터 영원까지 이르며 그의 의는 자손의 자손에게 이르리니

18 곧 그의 언약을 지키고 그의 법도를 기억하여 행하는 자에게로다

19 여호와께서 그의 보좌를 하늘에 세우시고 그의 왕권으로 만유를 다스리시도다

20 능력이 있어 여호와의 말씀을 행하며 그의 말씀의 소리를 듣는 여호와의 천사들이여 여호와를 송축하라

21 그에게 수종들며 그의 뜻을 행하는 모든 천군이여 여호와를 송축하라

22 여호와의 지으심을 받고 그가 다스리시는 모든 곳에 있는 너희여 여호와를 송축하라 내 영혼아 여호와를 송축하라

104 내 영혼아 여호와를 송축하라 여호와 나의 하나님이여 주는 심히 위대하시며 존귀와 권위로 옷 입으셨나이다

2 주께서 옷을 입음 같이 빛을 입으시며 하늘을 휘장 같이 치시며

3 물에 자기 누각의 들보를 얹으시며 구름으로 자기 수레를 삼으시고 바람 날개로 다니시며

4 바람을 자기 사신으로 삼으시고 불꽃으로 자기 사역자를 삼으시며

5 땅에 기초를 놓으사 영원히 흔들리지 아니하게 하셨나이다

6 옷으로 덮음 같이 주께서 땅을 깊은 바다로 덮으시매 물이 산들 위로 솟아올랐으나

18

19

20

21

22

104

2

3

4

5

6

7 주께서 꾸짖으시니 물은 도망하며 주의 우렛소리로 말미암아 빨리 가며

8 주께서 그들을 위하여 정하여 주신 곳으로 흘러갔고 산은 오르고 골짜기는 내려갔나이다

9 주께서 물의 경계를 정하여 넘치지 못하게 하시며 다시 돌아와 땅을 덮지 못하게 하셨나이다

10 여호와께서 샘을 골짜기에서 솟아나게 하시고 산 사이에 흐르게 하사

11 각종 들짐승에게 마시게 하시니 들나귀들도 해갈하며

12 공중의 새들도 그 가에서 깃들이며 나뭇가지 사이에서 지저귀는도다

13 그가 그의 누각에서부터 산에 물을 부어 주시니 주께서 하시는 일의 결실이 땅을 만족시켜 주는도다

14 그가 가축을 위한 풀과 사람을 위한 채소를 자라게 하시며 땅에서 먹을 것이 나게 하셔서

15 사람의 마음을 기쁘게 하는 포도주와 사람의 얼굴을 윤택하게 하는 기름과 사람의 마음을 힘있게 하는 양식을 주셨도다

16 여호와의 나무에는 물이 흡족함이여 곧 그가 심으신 레바논 백향목들이로다

17 새들이 그 속에 깃들임이여 학은 잣나무로 집을 삼는도다

18 높은 산들은 산양을 위함이여 바위는 너구리의 피난처로다

7

8

9

10

11

12

13

14

15

16

17

18

19 여호와께서 달로 절기를 정하심이여 해는 그 지는 때를 알도다

20 주께서 흑암을 지어 밤이 되게 하시니 삼림의 모든 짐승이 기어나오나이다

21 젊은 사자들은 그들의 먹이를 쫓아 부르짖으며 그들의 먹이를 하나님께 구하다가

22 해가 돋으면 물러가서 그들의 굴 속에 눕고

23 사람은 나와서 일하며 저녁까지 수고하는도다

24 여호와여 주께서 하신 일이 어찌 그리 많은지요 주께서 지혜로 그들을 다 지으셨으니 주께서 지으신 것들이 땅에 가득하니이다

25 거기에는 크고 넓은 바다가 있고 그 속에는 생물 곧 크고 작은 동물들이 무수하니이다

26 그 곳에는 배들이 다니며 주께서 지으신 리워야단이 그 속에서 노나이다

27 이것들은 다 주께서 때를 따라 먹을 것을 주시기를 바라나이다

28 주께서 주신즉 그들이 받으며 주께서 손을 펴신즉 그들이 좋은 것으로 만족하다가

29 주께서 낯을 숨기신즉 그들이 떨고 주께서 그들의 호흡을 거두신즉 그들은 죽어 먼지로 돌아가나이다

30 주의 영을 보내어 그들을 창조하사 지

19

20

21

22

23

24

25

26

27

28

29

30

면을 새롭게 하시나이다

31 여호와의 영광이 영원히 계속할지며 여호와는 자신께서 행하시는 일들로 말미암아 즐거워하시리로다

32 그가 땅을 보신즉 땅이 진동하며 산들을 만지신즉 연기가 나는도다

33 내가 평생토록 여호와께 노래하며 내가 살아 있는 동안 내 하나님을 찬양하리로다

34 나의 기도를 기쁘게 여기시기를 바라나니 나는 여호와로 말미암아 즐거워하리로다

35 죄인들을 땅에서 소멸하시며 악인들을 다시 있지 못하게 하시리로다 내 영혼아 여호와를 송축하라 할렐루야

105 여호와께 감사하고 그의 이름을 불러 아뢰며 그가 하는 일을 만민 중에 알게 할지어다

2 그에게 노래하며 그를 찬양하며 그의 모든 기이한 일들을 말할지어다

3 그의 거룩한 이름을 자랑하라 여호와를 구하는 자들은 마음이 즐거울지로다

4 여호와와 그의 능력을 구할지어다 그의 얼굴을 항상 구할지어다

5-6 그의 종 아브라함의 후손 곧 택하신 야곱의 자손 너희는 그가 행하신 기적과 그의 이적과 그의 입의 판단을 기억할지어다

7 그는 여호와 우리 하나님이시라 그의 판단이 온 땅에 있도다

31

32

33

34

35

105

2

3

4

5-6

7

8 그는 그의 언약 곧 천 대에 걸쳐 명령하신 말씀을 영원히 기억하셨으니

9 이것은 아브라함과 맺은 언약이고 이삭에게 하신 맹세이며

10 야곱에게 세우신 율례 곧 이스라엘에게 하신 영원한 언약이라

11 이르시기를 내가 가나안 땅을 네게 주어 너희에게 할당된 소유가 되게 하리라 하셨도다

12 그 때에 그들의 사람 수가 적어 그 땅의 나그네가 되었고

13 이 족속에게서 저 족속에게로, 이 나라에서 다른 민족에게로 떠돌아다녔도다

14 그러나 그는 사람이 그들을 억압하는 것을 용납하지 아니하시고 그들로 말미암아 왕들을 꾸짖어

15 이르시기를 나의 기름 부은 자를 손대지 말며 나의 선지자들을 해하지 말라 하셨도다

16 그가 또 그 땅에 기근이 들게 하사 그들이 의지하고 있는 양식을 다 끊으셨도다

17 그가 한 사람을 앞서 보내셨음이여 요셉이 종으로 팔렸도다

18 그의 발은 차꼬를 차고 그의 [1]몸은 쇠사슬에 매였으니

19 곧 여호와의 말씀이 응할 때까지라 그의 말씀이 그를 단련하였도다

20 왕이 사람을 보내어 그를 석방함이여 뭇 백성의 통치자가 그를 자유롭게 하였도다

8

9

10

11

12

13

14

15

16

17

18

19

20

21 그를 그의 집의 주관자로 삼아 그의 모든 소유를 관리하게 하고

22 그의 뜻대로 모든 신하를 다스리며 그의 지혜로 장로들을 교훈하게 하였도다

23 이에 이스라엘이 애굽에 들어감이여 야곱이 함의 땅에 나그네가 되었도다

24 여호와께서 자기의 백성을 크게 번성하게 하사 그의 대적들보다 강하게 하셨으며

25 또 그 대적들의 마음이 변하게 하여 그의 백성을 미워하게 하시며 그의 종들에게 교활하게 행하게 하셨도다

26 그리하여 그는 그의 종 모세와 그의 택하신 아론을 보내시니

27 그들이 그들의 백성 중에서 여호와의 표적을 보이고 함의 땅에서 징조들을 행하였도다

28 여호와께서 흑암을 보내사 그곳을 어둡게 하셨으나 그들은 그의 말씀을 지키지 아니하였도다

29 그들의 물도 변하여 피가 되게 하사 그들의 물고기를 죽이셨도다

30 그 땅에 개구리가 많아져서 왕의 궁실에도 있었도다

31 여호와께서 말씀하신즉 파리 떼가 오며 그들의 온 영토에 이가 생겼도다

32 비 대신 우박을 내리시며 그들의 땅에 화염을 내리셨도다

33 그들의 포도나무와 무화과나무를 치시

21

22

23

24

25

26

27

28

29

30

31

32

33

며 그들의 지경에 있는 나무를 찍으셨도다

34 여호와께서 말씀하신즉 황충과 수많은 메뚜기가 몰려와

35 그들의 땅에 있는 모든 채소를 먹으며 그들의 밭에 있는 열매를 먹었도다

36 또 여호와께서 그들의 기력의 시작인 그 땅의 모든 장자를 치셨도다

37 마침내 그들을 인도하여 은 금을 가지고 나오게 하시니 그의 지파 중에 비틀거리는 자가 하나도 없었도다

38 그들이 떠날 때에 애굽이 기뻐하였으니 그들이 그들을 두려워함이로다

39 여호와께서 낮에는 구름을 펴사 덮개를 삼으시고 밤에는 불로 밝히셨으며

40 그들이 구한즉 메추라기를 가져 오시고 또 하늘의 양식으로 그들을 만족하게 하셨도다

41 반석을 여신즉 물이 흘러나와 마른 땅에 강 같이 흘렀으니

42 이는 그의 거룩한 말씀과 그의 종 아브라함을 기억하셨음이로다

43 그의 백성이 즐겁게 나오게 하시며 그의 택한 자는 노래하며 나오게 하시고

44 여러 나라의 땅을 그들에게 주시며 민족들이 수고한 것을 소유로 가지게 하셨으니

45 이는 그들이 그의 율례를 지키고 그의 율법을 따르게 하려 하심이로다 할렐루야

34

35

36

37

38

39

40

41

42

43

44

45

106

할렐루야 여호와께 감사하라 그는 선하시며 그 인자하심이 영원함이로다

2 누가 능히 여호와의 권능을 다 말하며 주께서 받으실 찬양을 다 선포하랴

3 정의를 지키는 자들과 항상 공의를 행하는 자는 복이 있도다

4 여호와여 주의 백성에게 베푸시는 은혜로 나를 기억하시며 주의 구원으로 나를 돌보사

5 내가 주의 택하신 자가 형통함을 보고 주의 나라의 기쁨을 나누어 가지게 하사 주의 유산을 자랑하게 하소서

6 우리가 우리의 조상들처럼 범죄하여 사악을 행하며 악을 지었나이다

7 우리의 조상들이 애굽에 있을 때 주의 기이한 일들을 깨닫지 못하며 주의 크신 인자를 기억하지 아니하고 바다 곧 홍해에서 거역하였나이다

8 그러나 여호와께서는 자기의 이름을 위하여 그들을 구원하셨으니 그의 큰 권능을 만인이 알게 하려 하심이로다

9 이에 홍해를 꾸짖으시니 곧 마르니 그들을 인도하여 바다 건너가기를 마치 광야를 지나감 같게 하사

10 그들을 그 미워하는 자의 손에서 구원하시며 그 원수의 손에서 구원하셨고

11 그들의 대적들은 물로 덮으시매 그들 중에서 하나도 살아 남지 못하였도다

106

2

3

4

5

6

7

8

9

10

11

12 **이에 그들이 그의 말씀을 믿고 그를 찬양하는 노래를 불렀도다**

13 **그러나 그들은 그가 행하신 일을 곧 잊어버리며 그의 가르침을 기다리지 아니하고**

14 **광야에서 욕심을 크게 내며 사막에서 하나님을 시험하였도다**

15 **그러므로 여호와께서는 그들이 요구한 것을 그들에게 주셨을지라도 그들의 영혼은 쇠약하게 하셨도다**

16 **그들이 진영에서 모세와 여호와의 거룩한 자 아론을 질투하매**

17 **땅이 갈라져 다단을 삼키며 아비람의 당을 덮었고**

18 **불이 그들의 당에 붙음이여 화염이 악인들을 살랐도다**

19 **그들이 호렙에서 송아지를 만들고 부어 만든 우상을 경배하여**

20 **자기 영광을 풀 먹는 소의 형상으로 바꾸었도다**

21 **애굽에서 큰 일을 행하신 그의 구원자 하나님을 그들이 잊었나니**

22 **그는 함의 땅에서 기사와 홍해에서 놀랄 만한 일을 행하신 이시로다**

23 **그러므로 여호와께서 그들을 멸하리라 하셨으나 그가 택하신 모세가 그 어려움 가운데에서 그의 앞에 서서 그의 노를 돌이켜 멸하시지 아니하게 하였도다**

24 **그들이 그 기쁨의 땅을 멸시하며 그 말**

12

13

14

15

16

17

18

19

20

21

22

23

24

씀을 믿지 아니하고

25 그들의 장막에서 원망하며 여호와의 음성을 듣지 아니하였도다

26 이러므로 그가 그의 손을 들어 그들에게 맹세하기를 그들이 광야에 엎드러지게 하고

27 또 그들의 후손을 뭇 백성 중에 엎드러뜨리며 여러 나라로 흩어지게 하리라 하셨도다

28 그들이 또 브올의 바알과 연합하여 죽은 자에게 제사한 음식을 먹어서

29 그 행위로 주를 격노하게 함으로써 재앙이 그들 중에 크게 유행하였도다

30 그 때에 비느하스가 일어서서 중재하니 이에 재앙이 그쳤도다

31 이 일이 그의 의로 인정되었으니 대대로 영원까지로다

32 그들이 또 므리바 물에서 여호와를 노하시게 하였으므로 그들 때문에 재난이 모세에게 이르렀나니

33 이는 그들이 그의 뜻을 거역함으로 말미암아 모세가 그의 입술로 망령되이 말하였음이로다

34 그들은 여호와께서 멸하라고 말씀하신 그 이방 민족들을 멸하지 아니하고

35 그 이방 나라들과 섞여서 그들의 행위를 배우며

36 그들의 우상들을 섬기므로 그것들이 그들에게 올무가 되었도다

25

26

27

28

29

30

31

32

33

34

35

36

37 그들이 그들의 자녀를 악귀들에게 희생제물로 바쳤도다

38 무죄한 피 곧 그들의 자녀의 피를 흘려 가나안의 우상들에게 제사하므로 그 땅이 피로 더러워졌도다

39 그들은 그들의 행위로 더러워지니 그들의 행동이 음탕하도다

40 그러므로 여호와께서 자기 백성에게 맹렬히 노하시며 자기의 유업을 미워하사

41 그들을 이방 나라의 손에 넘기시매 그들을 미워하는 자들이 그들을 다스렸도다

42 그들이 원수들의 압박을 받고 그들의 수하에 복종하게 되었도다

43 여호와께서 여러 번 그들을 건지시나 그들은 교묘하게 거역하며 자기 죄악으로 말미암아 낮아짐을 당하였도다

44 그러나 여호와께서 그들의 부르짖음을 들으실 때에 그들의 고통을 돌보시며

45 그들을 위하여 그의 언약을 기억하시고 그 크신 인자하심을 따라 뜻을 돌이키사

46 그들을 사로잡은 모든 자에게서 긍휼히 여김을 받게 하셨도다

47 여호와 우리 하나님이여 우리를 구원하사 여러 나라로부터 모으시고 우리가 주의 거룩하신 이름을 감사하며 주의 영예를 찬양하게 하소서

48 여호와 이스라엘의 하나님을 영원부터 영원까지 찬양할지어다 모든 백성들아 아멘 할지어다 할렐루야

37

38

39

40

41

42

43

44

45

46

47

48

제 오 권

107

여호와께 감사하라 그는 선하시며 그 인자하심이 영원함이로다

2 여호와의 속량을 받은 자들은 이같이 말할지어다 여호와께서 대적의 손에서 그들을 속량하사

3 동서 남북 각 지방에서부터 모으셨도다

4 그들이 광야 사막 길에서 방황하며 거주할 성읍을 찾지 못하고

5 주리고 목이 말라 그들의 영혼이 그들 안에서 피곤하였도다

6 이에 그들이 근심 중에 여호와께 부르짖으매 그들의 고통에서 건지시고

7 또 바른 길로 인도하사 거주할 성읍에 이르게 하셨도다

8 여호와의 인자하심과 인생에게 행하신 기적으로 말미암아 그를 찬송할지로다

9 그가 사모하는 영혼에게 만족을 주시며 주린 영혼에게 좋은 것으로 채워주심이로다

10 사람이 흑암과 사망의 그늘에 앉으며 곤고와 쇠사슬에 매임은

11 하나님의 말씀을 거역하며 지존자의 뜻을 멸시함이라

12 그러므로 그가 고통을 주어 그들의 마음을 겸손하게 하셨으니 그들이 엎드러져도 돕는 자가 없었도다

13 이에 그들이 그 환난 중에 여호와께 부르짖으매 그들의 고통에서 구원하시되

제 오 권

107

2

3

4

5

6

7

8

9

10

11

12

13

14 흑암과 사망의 그늘에서 인도하여 내시고 그들의 얽어 맨 줄을 끊으셨도다	14
15 여호와의 인자하심과 인생에게 행하신 기적으로 말미암아 그를 찬송할지로다	15
16 그가 놋문을 깨뜨리시며 쇠빗장을 꺾으셨음이로다	16
17 미련한 자들은 그들의 죄악의 길을 따르고 그들의 악을 범하기 때문에 고난을 받아	17
18 그들은 그들의 모든 음식물을 싫어하게 되어 사망의 문에 이르렀도다	18
19 이에 그들이 그들의 고통 때문에 여호와께 부르짖으매 그가 그들의 고통에서 그들을 구원하시되	19
20 그가 그의 말씀을 보내어 그들을 고치시고 위험한 지경에서 건지시는도다	20
21 여호와의 인자하심과 인생에게 행하신 기적으로 말미암아 그를 찬송할지로다	21
22 감사제를 드리며 노래하여 그가 행하신 일을 선포할지로다	22
23 배들을 바다에 띄우며 큰 물에서 일을 하는 자는	23
24 여호와께서 행하신 일들과 그의 기이한 일들을 깊은 바다에서 보나니	24
25 여호와께서 명령하신즉 광풍이 일어나 바다 물결을 일으키는도다	25
26 그들이 하늘로 솟구쳤다가 깊은 곳으로 내려가나니 그 위험 때문에 그들의 영혼이 녹는도다	26

27 그들이 이리저리 구르며 취한 자 같이 비틀거리니 그들의 모든 지각이 혼돈 속에 빠지는도다

28 이에 그들이 그들의 고통 때문에 여호와께 부르짖으매 그가 그들의 고통에서 그들을 인도하여 내시고

29 광풍을 고요하게 하사 물결도 잔잔하게 하시는도다

30 그들이 평온함으로 말미암아 기뻐하는 중에 여호와께서 그들이 바라는 항구로 인도하시는도다

31 여호와의 인자하심과 인생에게 행하신 기적으로 말미암아 그를 찬송할지로다

32 백성의 모임에서 그를 높이며 장로들의 자리에서 그를 찬송할지로다

33 여호와께서는 강이 변하여 광야가 되게 하시며 샘이 변하여 마른 땅이 되게 하시며

34 그 주민의 악으로 말미암아 옥토가 변하여 염전이 되게 하시며

35 또 광야가 변하여 못이 되게 하시며 마른 땅이 변하여 샘물이 되게 하시고

36 주린 자들로 거기에 살게 하사 그들이 거주할 성읍을 준비하게 하시고

37 밭에 파종하며 포도원을 재배하여 풍성한 소출을 거두게 하시며

38 또 복을 주사 그들이 크게 번성하게 하시고 그의 가축이 감소하지 아니하게 하실지라도

27

28

29

30

31

32

33

34

35

36

37

38

39 **다시 압박과 재난과 우환을 통하여 그들의 수를 줄이시며 낮추시는도다**

40 **여호와께서 고관들에게는 능욕을 쏟아 부으시고 길 없는 황야에서 유리하게 하시나**

41 **궁핍한 자는 그의 고통으로부터 건져 주시고 그의 가족을 양 떼 같이 지켜 주시나니**

42 **정직한 자는 보고 기뻐하며 모든 사악한 자는 자기 입을 봉하리로다**

43 **지혜 있는 자들은 이러한 일들을 지켜 보고 여호와의 인자하심을 깨달으리로다**

다윗의 찬송 시

108 **하나님이여 내 마음을 정하였사오니 내가 노래하며 나의 마음을 다하여 찬양하리로다**

2 **비파야, 수금아, 깰지어다 내가 새벽을 깨우리로다**

3 **여호와여 내가 만민 중에서 주께 감사하고 뭇 나라 중에서 주를 찬양하오리니**

4 **주의 인자하심이 하늘보다 높으시며 주의 진실은 궁창에까지 이르나이다**

5 **하나님이여 주는 하늘 위에 높이 들리시며 주의 영광이 온 땅에서 높임 받으시기를 원하나이다**

6 **주께서 사랑하시는 자들을 건지시기 위하여 우리에게 응답하사 오른손으로 구원하소서**

7 **하나님이 그의 성소에서 말씀하시되**

39

40

41

42

43

다윗의 찬송 시

108

2

3

4

5

6

7

내가 기뻐하리라 내가 세겜을 나누며 숙곳 골짜기를 측량하리라

8 **길르앗이 내 것이요 므낫세도 내 것이며 에브라임은 내 머리의 투구요 유다는 나의 규이며**

9 **모압은 내 목욕통이라 에돔에는 내 신발을 벗어 던질지며 블레셋 위에서 내가 외치리라 하셨도다**

10 **누가 나를 이끌어 견고한 성읍으로 인도해 들이며 누가 나를 에돔으로 인도할꼬**

11 **하나님이여 주께서 우리를 버리지 아니하셨나이까 하나님이여 주께서 우리의 군대들과 함께 나아가지 아니하시나이다**

12 **우리를 도와 대적을 치게 하소서 사람의 구원은 헛됨이니이다**

13 **우리가 하나님을 의지하고 용감히 행하리니 그는 우리의 대적들을 밟으실 자이심이로다**

다윗의 시, 인도자를 따라 부르는 노래

109 **내가 찬양하는 하나님이여 잠잠하지 마옵소서**

2 **그들이 악한 입과 거짓된 입을 열어 나를 치며 속이는 혀로 내게 말하며**

3 **또 미워하는 말로 나를 두르고 까닭 없이 나를 공격하였음이니이다**

4 **나는 사랑하나 그들은 도리어 나를 대적하니 나는 기도할 뿐이라**

5 **그들이 악으로 나의 선을 갚으며 미워함으로 나의 사랑을 갚았사오니**

8

9

10

11

12

13

다윗의 시, 인도자를 따라 부르는 노래

109

2

3

4

5

6 악인이 그를 다스리게 하시며 사탄이 그의 오른쪽에 서게 하소서

7 그가 심판을 받을 때에 죄인이 되어 나오게 하시며 그의 기도가 죄로 변하게 하시며

8 그의 연수를 짧게 하시며 그의 직분을 타인이 빼앗게 하시며

9 그의 자녀는 고아가 되고 그의 아내는 과부가 되며

10 그의 자녀들은 유리하며 구걸하고 그들의 황폐한 집을 떠나 빌어먹게 하소서

11 고리대금하는 자가 그의 소유를 다 빼앗게 하시며 그가 수고한 것을 낯선 사람이 탈취하게 하시며

12 그에게 인애를 베풀 자가 없게 하시며 그의 고아에게 은혜를 베풀 자도 없게 하시며

13 그의 자손이 끊어지게 하시며 후대에 그들의 이름이 지워지게 하소서

14 여호와는 그의 조상들의 죄악을 기억하시며 그의 어머니의 죄를 지워 버리지 마시고

15 그 죄악을 항상 여호와 앞에 있게 하사 그들의 기억을 땅에서 끊으소서

16 그가 인자를 베풀 일을 생각하지 아니하고 가난하고 궁핍한 자와 마음이 상한 자를 핍박하여 죽이려 하였기 때문이니이다

17 그가 저주하기를 좋아하더니 그것이

6

7

8

9

10

11

12

13

14

15

16

17

자기에게 임하고 축복하기를 기뻐하지 아니하더니 복이 그를 멀리 떠났으며

18 또 저주하기를 옷 입듯 하더니 저주가 물 같이 그의 몸 속으로 들어가며 기름 같이 그의 뼈 속으로 들어갔나이다

19 저주가 그에게는 입는 옷 같고 항상 띠는 띠와 같게 하소서

20 이는 나의 대적들이 곧 내 영혼을 대적하여 악담하는 자들이 여호와께 받는 보응이니이다

21 그러나 주 여호와여 주의 이름으로 말미암아 나를 선대하소서 주의 인자하심이 선하시오니 나를 건지소서

22 나는 가난하고 궁핍하여 나의 중심이 상함이니이다

23 나는 석양 그림자 같이 지나가고 또 메뚜기 같이 불려 가오며

24 금식하므로 내 무릎이 흔들리고 내 육체는 수척하오며

25 나는 또 그들의 비방거리라 그들이 나를 보면 머리를 흔드나이다

26 여호와 나의 하나님이여 나를 도우시며 주의 인자하심을 따라 나를 구원하소서

27 이것이 주의 손이 하신 일인 줄을 그들이 알게 하소서 주 여호와께서 이를 행하셨나이다

28 그들은 내게 저주하여도 주는 내게 복을 주소서 그들은 일어날 때에 수치를 당할지라도 주의 종은 즐거워하리이다

18

19

20

21

22

23

24

25

26

27

28

29 나의 대적들이 욕을 옷 입듯 하게 하시며 자기 수치를 겉옷 같이 입게 하소서

30 내가 입으로 여호와께 크게 감사하며 많은 사람 중에서 찬송하리니

31 그가 궁핍한 자의 오른쪽에 서사 그의 영혼을 심판하려 하는 자들에게서 구원하실 것임이로다

다윗의 시

110 여호와께서 내 주에게 말씀하시기를 내가 네 원수들로 네 발판이 되게 하기까지 너는 내 오른쪽에 앉아 있으라 하셨도다

2 여호와께서 시온에서부터 주의 권능의 규를 내보내시리니 주는 원수들 중에서 다스리소서

3 주의 권능의 날에 주의 백성이 거룩한 옷을 입고 즐거이 헌신하니 새벽 이슬 같은 주의 청년들이 주께 나오는도다

4 여호와는 맹세하고 변하지 아니하시리라 이르시기를 너는 멜기세덱의 서열을 따라 영원한 제사장이라 하셨도다

5 주의 오른쪽에 계신 주께서 그의 노하시는 날에 왕들을 쳐서 깨뜨리실 것이라

6 뭇 나라를 심판하여 시체로 가득하게 하시고 여러 나라의 머리를 쳐서 깨뜨리시며

7 길 가의 시냇물을 마시므로 그의 머리를 드시리로다

111 할렐루야, 내가 정직한 자들의 모임과 회중 가운데에서 전심으로

29

30

31

다윗의 시

110

2

3

4

5

6

7

111

여호와께 감사하리로다

2 **여호와께서 행하시는 일들이 크시오니 이를 즐거워하는 자들이 다 기리는도다**

3 **그의 행하시는 일이 존귀하고 엄위하며 그의 의가 영원히 서 있도다**

4 **그의 기적을 사람이 기억하게 하셨으니 여호와는 은혜로우시고 자비로우시도다**

5 **여호와께서 자기를 경외하는 자들에게 양식을 주시며 그의 언약을 영원히 기억하시리로다**

6 **그가 그들에게 뭇 나라의 기업을 주사 그가 행하시는 일의 능력을 그들에게 알리셨도다**

7 **그의 손이 하는 일은 진실과 정의이며 그의 법도는 다 확실하니**

8 **영원무궁토록 정하신 바요 진실과 정의로 행하신 바로다**

9 **여호와께서 그의 백성을 속량하시며 그의 언약을 영원히 세우셨으니 그의 이름이 거룩하고 지존하시도다**

10 **여호와를 경외함이 지혜의 근본이라 그의 계명을 지키는 자는 다 훌륭한 지각을 가진 자이니 여호와를 찬양함이 영원히 계속되리로다**

112 **할렐루야, 여호와를 경외하며 그의 계명을 크게 즐거워하는 자는 복이 있도다**

2 **그의 후손이 땅에서 강성함이여 정직한 자들의 후손에게 복이 있으리로다**

2

3

4

5

6

7

8

9

10

112

2

3 부와 재물이 그의 집에 있음이여 그의 공의가 영구히 서 있으리로다

4 정직한 자들에게는 흑암 중에 빛이 일어나나니 그는 자비롭고 긍휼이 많으며 의로운 이로다

5 은혜를 베풀며 꾸어 주는 자는 잘 되나니 그 일을 정의로 행하리로다

6 그는 영원히 흔들리지 아니함이여 의인은 영원히 기억되리로다

7 그는 흉한 소문을 두려워하지 아니함이여 여호와를 의뢰하고 그의 마음을 굳게 정하였도다

8 그의 마음이 견고하여 두려워하지 아니할 것이라 그의 대적들이 받는 보응을 마침내 보리로다

9 그가 재물을 흩어 빈궁한 자들에게 주었으니 그의 의가 영구히 있고 그의 뿔이 영광 중에 들리리로다

10 악인은 이를 보고 한탄하여 이를 갈면서 소멸되리니 악인들의 욕망은 사라지리로다

113 할렐루야, 여호와의 종들아 찬양하라 여호와의 이름을 찬양하라

2 이제부터 영원까지 여호와의 이름을 찬송할지로다

3 해 돋는 데에서부터 해 지는 데에까지 여호와의 이름이 찬양을 받으시리로다

4 여호와는 모든 나라보다 높으시며 그의 영광은 하늘보다 높으시도다

3

4

5

6

7

8

9

10

113

2

3

4

5 여호와 우리 하나님과 같은 이가 누구리요 높은 곳에 앉으셨으나

6 스스로 낮추사 천지를 살피시고

7 가난한 자를 먼지 더미에서 일으키시며 궁핍한 자를 거름 더미에서 들어 세워

8 지도자들 곧 그의 백성의 지도자들과 함께 세우시며

9 또 임신하지 못하던 여자를 집에 살게 하사 자녀들을 즐겁게 하는 어머니가 되게 하시는도다 할렐루야

114 이스라엘이 애굽에서 나오며 야곱의 집안이 언어가 다른 민족에게서 나올 때에

2 유다는 여호와의 성소가 되고 이스라엘은 그의 영토가 되었도다

3 바다가 보고 도망하며 요단은 물러갔으니

4 산들은 숫양들 같이 뛰놀며 작은 산들은 어린 양들 같이 뛰었도다

5 바다야 네가 도망함은 어찌함이며 요단아 네가 물러감은 어찌함인가

6 너희 산들아 숫양들 같이 뛰놀며 작은 산들아 어린 양들 같이 뛰놂은 어찌함인가

7 땅이여 너는 주 앞 곧 야곱의 하나님 앞에서 떨지어다

8 그가 반석을 쳐서 못물이 되게 하시며 차돌로 샘물이 되게 하셨도다

115 여호와여 영광을 우리에게 돌리지 마옵소서 우리에게 돌리지 마

5

6

7

8

9

114

2

3

4

5

6

7

8

115

옵소서 오직 주는 인자하시고 진실하시므로 주의 이름에만 영광을 돌리소서

2 어찌하여 뭇 나라가 그들의 하나님이 이제 어디 있느냐 말하게 하리이까

3 오직 우리 하나님은 하늘에 계셔서 원하시는 모든 것을 행하셨나이다

4 그들의 우상들은 은과 금이요 사람이 손으로 만든 것이라

5 입이 있어도 말하지 못하며 눈이 있어도 보지 못하며

6 귀가 있어도 듣지 못하며 코가 있어도 냄새 맡지 못하며

7 손이 있어도 만지지 못하며 발이 있어도 걷지 못하며 목구멍이 있어도 작은 소리조차 내지 못하느니라

8 우상들을 만드는 자들과 그것을 의지하는 자들이 다 그와 같으리로다

9 이스라엘아 여호와를 의지하라 그는 너희의 도움이시요 너희의 방패시로다

10 아론의 집이여 여호와를 의지하라 그는 너희의 도움이시요 너희의 방패시로다

11 여호와를 경외하는 자들아 너희는 여호와를 의지하여라 그는 너희의 도움이시요 너희의 방패시로다

12 여호와께서 우리를 생각하사 복을 주시되 이스라엘 집에도 복을 주시고 아론의 집에도 복을 주시며

13 높은 사람이나 낮은 사람을 막론하고 여호와를 경외하는 자들에게 복을 주시리로다

2

3

4

5

6

7

8

9

10

11

12

13

14 여호와께서 너희를 곧 너희와 너희의 자손을 더욱 번창하게 하시기를 원하노라

15 너희는 천지를 지으신 여호와께 복을 받는 자로다

16 하늘은 여호와의 하늘이라도 땅은 사람에게 주셨도다

17 죽은 자들은 여호와를 찬양하지 못하나니 적막한 데로 내려가는 자들은 아무도 찬양하지 못하리로다

18 우리는 이제부터 영원까지 여호와를 송축하리로다 할렐루야

116 여호와께서 내 음성과 내 간구를 들으시므로 내가 그를 사랑하는도다

2 그의 귀를 내게 기울이셨으므로 내가 평생에 기도하리로다

3 사망의 줄이 나를 두르고 스올의 고통이 내게 이르므로 내가 환난과 슬픔을 만났을 때에

4 내가 여호와의 이름으로 기도하기를 여호와여 주께 구하오니 내 영혼을 건지소서 하였도다

5 여호와는 은혜로우시며 의로우시며 우리 하나님은 긍휼이 많으시도다

6 여호와께서는 순진한 자를 지키시나니 내가 어려울 때에 나를 구원하셨도다

7 내 영혼아 네 평안함으로 돌아갈지어다 여호와께서 너를 후대하심이로다

8 주께서 내 영혼을 사망에서, 내 눈을

14

15

16

17

18

116

2

3

4

5

6

7

8

눈물에서, 내 발을 넘어짐에서 건지셨나이다

9 내가 생명이 있는 땅에서 여호와 앞에 행하리로다

10 내가 크게 고통을 당하였다고 말할 때에도 나는 믿었도다

11 내가 놀라서 이르기를 모든 사람이 거짓말쟁이라 하였도다

12 내게 주신 모든 은혜를 내가 여호와께 무엇으로 보답할까

13 내가 구원의 잔을 들고 여호와의 이름을 부르며

14 여호와의 모든 백성 앞에서 나는 나의 서원을 여호와께 갚으리로다

15 그의 경건한 자들의 죽음은 여호와께서 보시기에 귀중한 것이로다

16 여호와여 나는 진실로 주의 종이요 주의 여종의 아들 곧 주의 종이라 주께서 나의 결박을 푸셨나이다

17 내가 주께 감사제를 드리고 여호와의 이름을 부르리이다

18 내가 여호와께 서원한 것을 그의 모든 백성이 보는 앞에서 내가 지키리로다

19 예루살렘아, 네 한가운데에서 곧 여호와의 성전 뜰에서 지키리로다 할렐루야

117

너희 모든 나라들아 여호와를 찬양하며 너희 모든 백성들아 그를 찬송할지어다

2 우리에게 향하신 여호와의 인자하심

9

10

11

12

13

14

15

16

17

18

19

117

2

이 크시고 여호와의 진실하심이 영원함이로다 할렐루야

118 여호와께 감사하라 그는 선하시며 그의 인자하심이 영원함이로다

2 이제 이스라엘은 말하기를 그의 인자하심이 영원하다 할지로다

3 이제 아론의 집은 말하기를 그의 인자하심이 영원하다 할지로다

4 이제 여호와를 경외하는 자는 말하기를 그의 인자하심이 영원하다 할지로다

5 내가 고통 중에 여호와께 부르짖었더니 여호와께서 응답하시고 나를 넓은 곳에 세우셨도다

6 여호와는 내 편이시라 내가 두려워하지 아니하리니 사람이 내게 어찌할까

7 여호와께서 내 편이 되사 나를 돕는 자들 중에 계시니 그러므로 나를 미워하는 자들에게 보응하시는 것을 내가 보리로다

8 여호와께 피하는 것이 사람을 신뢰하는 것보다 나으며

9 여호와께 피하는 것이 고관들을 신뢰하는 것보다 낫도다

10 뭇 나라가 나를 에워쌌으니 내가 여호와의 이름으로 그들을 끊으리로다

11 그들이 나를 에워싸고 에워쌌으니 내가 여호와의 이름으로 그들을 끊으리로다

12 그들이 벌들처럼 나를 에워쌌으나 가시덤불의 불 같이 타 없어졌나니 내가 여호와의 이름으로 그들을 끊으리로다

118

2

3

4

5

6

7

8

9

10

11

12

13 너는 나를 밀쳐 넘어뜨리려 하였으나 여호와께서는 나를 도우셨도다	13
14 여호와는 나의 능력과 찬송이시요 또 나의 구원이 되셨도다	14
15 의인들의 장막에는 기쁜 소리, 구원의 소리가 있음이여 여호와의 오른손이 권능을 베푸시며	15
16 여호와의 오른손이 높이 들렸으며 여호와의 오른손이 권능을 베푸시는도다	16
17 내가 죽지 않고 살아서 여호와께서 하시는 일을 선포하리로다	17
18 여호와께서 나를 심히 경책하셨어도 죽음에는 넘기지 아니하셨도다	18
19 내게 의의 문들을 열지어다 내가 그리로 들어가서 여호와께 감사하리로다	19
20 이는 여호와의 문이라 의인들이 그리로 들어가리로다	20
21 주께서 내게 응답하시고 나의 구원이 되셨으니 내가 주께 감사하리이다	21
22 건축자가 버린 돌이 집 모퉁이의 머릿돌이 되었나니	22
23 이는 여호와께서 행하신 것이요 우리 눈에 기이한 바로다	23
24 이 날은 여호와께서 정하신 것이라 이 날에 우리가 즐거워하고 기뻐하리로다	24
25 여호와여 구하옵나니 이제 구원하소서 여호와여 우리가 구하옵나니 이제 형통하게 하소서	25
26 여호와의 이름으로 오는 자가 복이 있	26

음이여 우리가 여호와의 집에서 너희를 축복하였도다

27 여호와는 하나님이시라 그가 우리에게 빛을 비추셨으니 밧줄로 절기 제물을 제단 뿔에 맬지어다

28 주는 나의 하나님이시라 내가 주께 감사하리이다 주는 나의 하나님이시라 내가 주를 높이리이다

29 여호와께 감사하라 그는 선하시며 그의 인자하심이 영원함이로다

119 행위가 온전하여 여호와의 율법을 따라 행하는 자들은 복이 있음이여

2 여호와의 증거들을 지키고 전심으로 여호와를 구하는 자는 복이 있도다

3 참으로 그들은 불의를 행하지 아니하고 주의 도를 행하는도다

4 주께서 명령하사 주의 법도를 잘 지키게 하셨나이다

5 내 길을 굳게 정하사 주의 율례를 지키게 하소서

6 내가 주의 모든 계명에 주의할 때에는 부끄럽지 아니하리이다

7 내가 주의 의로운 판단을 배울 때에는 정직한 마음으로 주께 감사하리이다

8 내가 주의 율례들을 지키오리니 나를 아주 버리지 마옵소서

9 청년이 무엇으로 그의 행실을 깨끗하게 하리이까 주의 말씀만 지킬 따름이니이다

27

28

29

119

2

3

4

5

6

7

8

9

10 내가 전심으로 주를 찾았사오니 주의 계명에서 떠나지 말게 하소서	10
11 내가 주께 범죄하지 아니하려 하여 주의 말씀을 내 마음에 두었나이다	11
12 찬송을 받으실 주 여호와여 주의 율례들을 내게 가르치소서	12
13 주의 입의 모든 규례들을 나의 입술로 선포하였으며	13
14 내가 모든 재물을 즐거워함 같이 주의 증거들의 도를 즐거워하였나이다	14
15 내가 주의 법도들을 작은 소리로 읊조리며 주의 길들에 주의하며	15
16 주의 율례들을 즐거워하며 주의 말씀을 잊지 아니하리이다	16
17 주의 종을 후대하여 살게 하소서 그리하시면 주의 말씀을 지키리이다	17
18 내 눈을 열어서 주의 율법에서 놀라운 것을 보게 하소서	18
19 나는 땅에서 나그네가 되었사오니 주의 계명들을 내게 숨기지 마소서	19
20 주의 규례들을 항상 사모함으로 내 마음이 상하나이다	20
21 교만하여 저주를 받으며 주의 계명들에서 떠나는 자들을 주께서 꾸짖으셨나이다	21
22 내가 주의 교훈들을 지켰사오니 비방과 멸시를 내게서 떠나게 하소서	22
23 고관들도 앉아서 나를 비방하였사오나 주의 종은 주의 율례들을 작은 소리로	23

읊조렸나이다	
24 **주의 증거들은 나의 즐거움이요 나의 충고자니이다**	24
25 **내 영혼이 진토에 붙었사오니 주의 말씀대로 나를 살아나게 하소서**	25
26 **내가 나의 행위를 아뢰매 주께서 내게 응답하셨사오니 주의 율례들을 내게 가르치소서**	26
27 **나에게 주의 법도들의 길을 깨닫게 하여 주소서 그리하시면 내가 주의 기이한 일들을 작은 소리로 읊조리리이다**	27
28 **나의 영혼이 눌림으로 말미암아 녹사오니 주의 말씀대로 나를 세우소서**	28
29 **거짓 행위를 내게서 떠나게 하시고 주의 법을 내게 은혜로이 베푸소서**	29
30 **내가 성실한 길을 택하고 주의 규례들을 내 앞에 두었나이다**	30
31 **내가 주의 증거들에 매달렸사오니 여호와여 내가 수치를 당하지 말게 하소서**	31
32 **주께서 내 마음을 넓히시면 내가 주의 계명들의 길로 달려가리이다**	3
33 **여호와여 주의 율례들의 도를 내게 가르치소서 내가 끝까지 지키리이다**	33
34 **나로 하여금 깨닫게 하여 주소서 내가 주의 법을 준행하며 전심으로 지키리이다**	34
35 **나로 하여금 주의 계명들의 길로 행하게 하소서 내가 이를 즐거워함이니이다**	35
36 **내 마음을 주의 증거들에게 향하게 하시고 탐욕으로 향하지 말게 하소서**	36

37 **내 눈을 돌이켜 허탄한 것을 보지 말게 하시고 주의 길에서 나를 살아나게 하소서**	37
38 **주를 경외하게 하는 주의 말씀을 주의 종에게 세우소서**	38
39 **내가 두려워하는 비방을 내게서 떠나게 하소서 주의 규례들은 선하심이니이다**	39
40 **내가 주의 법도들을 사모하였사오니 주의 의로 나를 살아나게 하소서**	40
41 **여호와여 주의 말씀대로 주의 인자하심과 주의 구원을 내게 임하게 하소서**	41
42 **그리하시면 내가 나를 비방하는 자들에게 대답할 말이 있사오리니 내가 주의 말씀을 의지함이니이다**	42
43 **진리의 말씀이 내 입에서 조금도 떠나지 말게 하소서 내가 주의 규례를 바랐음이니이다**	43
44 **내가 주의 율법을 항상 지키리이다 영원히 지키리이다**	44
45 **내가 주의 법도들을 구하였사오니 자유롭게 걸어갈 것이오며**	45
46 **또 왕들 앞에서 주의 교훈들을 말할 때에 수치를 당하지 아니하겠사오며**	46
47 **내가 사랑하는 주의 계명들을 스스로 즐거워하며**	47
48 **또 내가 사랑하는 주의 계명들을 향하여 내 손을 들고 주의 율례들을 작은 소리로 읊조리리이다**	48
49 **주의 종에게 하신 말씀을 기억하소서 주께서 내게 소망을 가지게 하셨나이다**	49

50 이 말씀은 나의 고난 중의 위로라 주의 말씀이 나를 살리셨기 때문이니이다	50
51 교만한 자들이 나를 심히 조롱하였어도 나는 주의 법을 떠나지 아니하였나이다	51
52 여호와여 주의 옛 규례들을 내가 기억하고 스스로 위로하였나이다	52
53 주의 율법을 버린 악인들로 말미암아 내가 맹렬한 분노에 사로잡혔나이다	53
54 내가 나그네 된 집에서 주의 율례들이 나의 노래가 되었나이다	54
55 여호와여 내가 밤에 주의 이름을 기억하고 주의 법을 지켰나이다	55
56 내 소유는 이것이니 곧 주의 법도들을 지킨 것이니이다	56
57 여호와는 나의 분깃이시니 나는 주의 말씀을 지키리라 하였나이다	57
58 내가 전심으로 주께 간구하였사오니 주의 말씀대로 내게 은혜를 베푸소서	58
59 내가 내 행위를 생각하고 주의 증거들을 향하여 내 발길을 돌이켰사오며	59
60 주의 계명들을 지키기에 신속히 하고 지체하지 아니하였나이다	60
61 악인들의 줄이 내게 두루 얽혔을지라도 나는 주의 법을 잊지 아니하였나이다	61
62 내가 주의 의로운 규례들로 말미암아 밤중에 일어나 주께 감사하리이다	62
63 나는 주를 경외하는 모든 자들과 주의 법도들을 지키는 자들의 친구라	63
64 여호와여 주의 인자하심이 땅에 충만	64

하였사오니 주의 율례들로 나를 가르치소서	
65 **여호와여 주의 말씀대로 주의 종을 선대하셨나이다**	65
66 **내가 주의 계명들을 믿었사오니 좋은 명철과 지식을 내게 가르치소서**	66
67 **고난 당하기 전에는 내가 그릇 행하였더니 이제는 주의 말씀을 지키나이다**	67
68 **주는 선하사 선을 행하시오니 주의 율례들로 나를 가르치소서**	68
69 **교만한 자들이 거짓을 지어 나를 치려 하였사오나 나는 전심으로 주의 법도들을 지키리이다**	69
70 **그들의 마음은 살져서 기름덩이 같으나 나는 주의 법을 즐거워하나이다**	70
71 **고난 당한 것이 내게 유익이라 이로 말미암아 내가 주의 율례들을 배우게 되었나이다**	71
72 **주의 입의 법이 내게는 천천 금은보다 좋으니이다**	72
73 **주의 손이 나를 만들고 세우셨사오니 내가 깨달아 주의 계명들을 배우게 하소서**	73
74 **주를 경외하는 자들이 나를 보고 기뻐하는 것은 내가 주의 말씀을 바라는 까닭이니이다**	74
75 **여호와여 내가 알거니와 주의 심판은 의로우시고 주께서 나를 괴롭게 하심은 성실하심 때문이니이다**	75
76 **구하오니 주의 종에게 하신 말씀대로**	76

주의 인자하심이 나의 위안이 되게 하시며

77 주의 긍휼히 여기심이 내게 임하사 내가 살게 하소서 주의 법은 나의 즐거움이니이다

78 교만한 자들이 거짓으로 나를 엎드러뜨렸으니 그들이 수치를 당하게 하소서 나는 주의 법도들을 작은 소리로 읊조리리이다

79 주를 경외하는 자들이 내게 돌아오게 하소서 그리하시면 그들이 주의 증거들을 알리이다

80 내 마음으로 주의 율례들에 완전하게 하사 내가 수치를 당하지 아니하게 하소서

81 나의 영혼이 주의 구원을 사모하기에 피곤하오나 나는 주의 말씀을 바라나이다

82 나의 말이 주께서 언제나 나를 안위하실까 하면서 내 눈이 주의 말씀을 바라기에 피곤하니이다

83 내가 연기 속의 가죽 부대 같이 되었으나 주의 율례들을 잊지 아니하나이다

84 주의 종의 날이 얼마나 되나이까 나를 핍박하는 자들을 주께서 언제나 심판하시리이까

85 주의 법을 따르지 아니하는 교만한 자들이 나를 해하려고 웅덩이를 팠나이다

86 주의 모든 계명들은 신실하니이다 그들이 이유 없이 나를 핍박하오니 나를 도우소서

87 그들이 나를 세상에서 거의 멸하였으나 나는 주의 법도들을 버리지 아니하였

77

78

79

80

81

82

83

84

85

86

87

사오니

88 주의 인자하심을 따라 나를 살아나게 하소서 그리하시면 주의 입의 교훈들을 내가 지키리이다

89 여호와여 주의 말씀은 영원히 하늘에 굳게 섰사오며

90 주의 성실하심은 대대에 이르나이다 주께서 땅을 세우셨으므로 땅이 항상 있사오니

91 천지가 주의 규례들대로 오늘까지 있음은 만물이 주의 종이 된 까닭이니이다

92 주의 법이 나의 즐거움이 되지 아니하였더면 내가 내 고난 중에 멸망하였으리이다

93 내가 주의 법도들을 영원히 잊지 아니하오니 주께서 이것들 때문에 나를 살게 하심이니이다

94 나는 주의 것이오니 나를 구원하소서 내가 주의 법도들만을 찾았나이다

95 악인들이 나를 멸하려고 엿보오나 나는 주의 증거들만을 생각하겠나이다

96 내가 보니 모든 완전한 것이 다 끝이 있어도 주의 계명들은 심히 넓으니이다

97 내가 주의 법을 어찌 그리 사랑하는지요 내가 그것을 종일 작은 소리로 읊조리나이다

98 주의 계명들이 항상 나와 함께 하므로 그것들이 나를 원수보다 지혜롭게 하나이다

88

89

90

91

92

93

94

95

96

97

98

99 내가 주의 증거들을 늘 읊조리므로 나의 명철함이 나의 모든 스승보다 나으며

100 주의 법도들을 지키므로 나의 명철함이 노인보다 나으니이다

101 내가 주의 말씀을 지키려고 발을 금하여 모든 악한 길로 가지 아니하였사오며

102 주께서 나를 가르치셨으므로 내가 주의 규례들에서 떠나지 아니하였나이다

103 주의 말씀의 맛이 내게 어찌 그리 단지요 내 입에 꿀보다 더 다니이다

104 주의 법도들로 말미암아 내가 명철하게 되었으므로 모든 거짓 행위를 미워하나이다

105 주의 말씀은 내 발에 등이요 내 길에 빛이니이다

106 주의 의로운 규례들을 지키기로 맹세하고 굳게 정하였나이다

107 나의 고난이 매우 심하오니 여호와여 주의 말씀대로 나를 살아나게 하소서

108 여호와여 구하오니 내 입이 드리는 자원제물을 받으시고 주의 공의를 내게 가르치소서

109 나의 생명이 항상 위기에 있사오나 나는 주의 법을 잊지 아니하나이다

110 악인들이 나를 해하려고 올무를 놓았사오나 나는 주의 법도들에서 떠나지 아니하였나이다

111 주의 증거들로 내가 영원히 나의 기업을 삼았사오니 이는 내 마음의 즐거움이

99

100

101

102

103

104

105

106

107

108

109

110

111

됨이니이다

112 내가 주의 율례들을 영원히 행하려고 내 마음을 기울였나이다

113 내가 두 마음 품는 자들을 미워하고 주의 법을 사랑하나이다

114 주는 나의 은신처요 방패시라 내가 주의 말씀을 바라나이다

115 너희 행악자들이여 나를 떠날지어다 나는 내 하나님의 계명들을 지키리로다

116 주의 말씀대로 나를 붙들어 살게 하시고 내 소망이 부끄럽지 않게 하소서

117 나를 붙드소서 그리하시면 내가 구원을 얻고 주의 율례들에 항상 주의하리이다

118 주의 율례들에서 떠나는 자는 주께서 다 멸시하셨으니 그들의 속임수는 허무함이니이다

119 주께서 세상의 모든 악인들을 찌꺼기 같이 버리시니 그러므로 내가 주의 증거들을 사랑하나이다

120 내 육체가 주를 두려워함으로 떨며 내가 또 주의 심판을 두려워하나이다

121 내가 정의와 공의를 행하였사오니 나를 박해하는 자들에게 나를 넘기지 마옵소서

122 주의 종을 보증하사 복을 얻게 하시고 교만한 자들이 나를 박해하지 못하게 하소서

123 내 눈이 주의 구원과 주의 의로운 말씀을 사모하기에 피곤하니이다

112

113

114

115

116

117

118

119

120

121

122

123

124 주의 인자하심대로 주의 종에게 행하사 내게 주의 율례들을 가르치소서

125 나는 주의 종이오니 나를 깨닫게 하사 주의 증거들을 알게 하소서

126 그들이 주의 법을 폐하였사오니 지금은 여호와께서 일하실 때니이다

127 그러므로 내가 주의 계명들을 금 곧 순금보다 더 사랑하나이다

128 그러므로 내가 범사에 모든 주의 법도들을 바르게 여기고 모든 거짓 행위를 미워하나이다

129 주의 증거들은 놀라우므로 내 영혼이 이를 지키나이다

130 주의 말씀을 열면 빛이 비치어 우둔한 사람들을 깨닫게 하나이다

131 내가 주의 계명들을 사모하므로 내가 입을 열고 헐떡였나이다

132 주의 이름을 사랑하는 자들에게 베푸시던 대로 내게 돌이키사 내게 은혜를 베푸소서

133 나의 발걸음을 주의 말씀에 굳게 세우시고 어떤 죄악도 나를 주관하지 못하게 하소서

134 사람의 박해에서 나를 구원하소서 그리하시면 내가 주의 법도들을 지키리이다

135 주의 얼굴을 주의 종에게 비추시고 주의 율례로 나를 가르치소서

136 그들이 주의 법을 지키지 아니하므로 내 눈물이 시냇물 같이 흐르나이다

124

125

126

127

128

129

130

131

132

133

134

135

136

137 여호와여 주는 의로우시고 주의 판단은 옳으니이다 | 137

138 주께서 명령하신 증거들은 의롭고 지극히 성실하니이다 | 138

139 내 대적들이 주의 말씀을 잊어버렸으므로 내 열정이 나를 삼켰나이다 | 139

140 주의 말씀이 심히 순수하므로 주의 종이 이를 사랑하나이다 | 140

141 내가 미천하여 멸시를 당하나 주의 법도를 잊지 아니하였나이다 | 141

142 주의 의는 영원한 의요 주의 율법은 진리로소이다 | 142

143 환난과 우환이 내게 미쳤으나 주의 계명은 나의 즐거움이니이다 | 143

144 주의 증거들은 영원히 의로우시니 나로 하여금 깨닫게 하사 살게 하소서 | 144

145 여호와여 내가 전심으로 부르짖었사오니 내게 응답하소서 내가 주의 교훈들을 지키리이다 | 145

146 내가 주께 부르짖었사오니 나를 구원하소서 내가 주의 증거들을 지키리이다 | 146

147 내가 날이 밝기 전에 부르짖으며 주의 말씀을 바랐사오며 | 147

148 주의 말씀을 조용히 읊조리려고 내가 새벽녘에 눈을 떴나이다 | 148

149 주의 인자하심을 따라 내 소리를 들으소서 여호와여 주의 규례들을 따라 나를 살리소서 | 149

150 악을 따르는 자들이 가까이 왔사오니 | 150

그들은 주의 법에서 머니이다

151 여호와여 주께서 가까이 계시오니 주의 모든 계명들은 진리니이다

151

152 내가 전부터 주의 증거들을 알고 있었으므로 주께서 영원히 세우신 것인 줄을 알았나이다

152

153 나의 고난을 보시고 나를 건지소서 내가 주의 율법을 잊지 아니함이니이다

153

154 주께서 나를 변호하시고 나를 구하사 주의 말씀대로 나를 살리소서

154

155 구원이 악인들에게서 멀어짐은 그들이 주의 율례들을 구하지 아니함이니이다

155

156 여호와여 주의 긍휼이 많으오니 주의 규례들에 따라 나를 살리소서

156

157 나를 핍박하는 자들과 나의 대적들이 많으나 나는 주의 증거들에서 떠나지 아니하였나이다

157

158 주의 말씀을 지키지 아니하는 거짓된 자들을 내가 보고 슬퍼하였나이다

158

159 내가 주의 법도들을 사랑함을 보옵소서 여호와여 주의 인자하심을 따라 나를 살리소서

159

160 주의 말씀의 강령은 진리이오니 주의 의로운 모든 규례들은 영원하리이다

160

161 고관들이 거짓으로 나를 핍박하오나 나의 마음은 주의 말씀만 경외하나이다

161

162 사람이 많은 탈취물을 얻은 것처럼 나는 주의 말씀을 즐거워하나이다

162

163 나는 거짓을 미워하며 싫어하고 주의

163

율법을 사랑하나이다

164 주의 의로운 규례들로 말미암아 내가 하루 일곱 번씩 주를 찬양하나이다

165 주의 법을 사랑하는 자에게는 큰 평안이 있으니 그들에게 장애물이 없으리이다

166 여호와여 내가 주의 구원을 바라며 주의 계명들을 행하였나이다

167 내 영혼이 주의 증거들을 지켰사오며 내가 이를 지극히 사랑하나이다

168 내가 주의 법도들과 증거들을 지켰사오니 나의 모든 행위가 주 앞에 있음이니이다

169 여호와여 나의 부르짖음이 주의 앞에 이르게 하시고 주의 말씀대로 나를 깨닫게 하소서

170 나의 간구가 주의 앞에 이르게 하시고 주의 말씀대로 나를 건지소서

171 주께서 율례를 내게 가르치시므로 내 입술이 주를 찬양하리이다

172 주의 모든 계명들이 의로우므로 내 혀가 주의 말씀을 노래하리이다

173 내가 주의 법도들을 택하였사오니 주의 손이 항상 나의 도움이 되게 하소서

174 여호와여 내가 주의 구원을 사모하였사오며 주의 율법을 즐거워하나이다

175 내 영혼을 살게 하소서 그리하시면 주를 찬송하리이다 주의 규례들이 나를 돕게 하소서

176 잃은 양 같이 내가 방황하오니 주의

164

165

166

167

168

169

170

171

172

173

174

175

176

종을 찾으소서 내가 주의 계명들을 잊지 아니함이니이다

성전에 올라가는 노래

120 내가 환난 중에 여호와께 부르짖었더니 내게 응답하셨도다

2 여호와여 거짓된 입술과 속이는 혀에서 내 생명을 건져 주소서

3 너 속이는 혀여 무엇을 네게 주며 무엇을 네게 더할꼬

4 장사의 날카로운 화살과 로뎀 나무 숯불이리로다

5 메섹에 머물며 게달의 장막 중에 머무는 것이 내게 화로다

6 내가 화평을 미워하는 자들과 함께 오래 거주하였도다

7 나는 화평을 원할지라도 내가 말할 때에 그들은 싸우려 하는도다

성전에 올라가는 노래

121 내가 산을 향하여 눈을 들리라 나의 도움이 어디서 올까

2 나의 도움은 천지를 지으신 여호와에게서로다

3 여호와께서 너를 실족하지 아니하게 하시며 너를 지키시는 이가 졸지 아니하시리로다

4 이스라엘을 지키시는 이는 졸지도 아니하시고 주무시지도 아니하시리로다

5 여호와는 너를 지키시는 이시라 여호와께서 네 오른쪽에서 네 그늘이 되시나니

성전에 올라가는 노래

120

2

3

4

5

6

7

성전에 올라가는 노래

121

2

3

4

5

6 낮의 해가 너를 상하게 하지 아니하며 밤의 달도 너를 해치지 아니하리로다

7 여호와께서 너를 지켜 모든 환난을 면하게 하시며 또 네 영혼을 지키시리로다

8 여호와께서 너의 출입을 지금부터 영원까지 지키시리로다

다윗의 시 곧 성전에 올라가는 노래

122 사람이 내게 말하기를 여호와의 집에 올라가자 할 때에 내가 기뻐하였도다

2 예루살렘아 우리 발이 네 성문 안에 섰도다

3 예루살렘아 너는 잘 짜여진 성읍과 같이 건설되었도다

4 지파들 곧 여호와의 지파들이 여호와의 이름에 감사하려고 이스라엘의 전례대로 그리로 올라가는도다

5 거기에 심판의 보좌를 두셨으니 곧 다윗의 집의 보좌로다

6 예루살렘을 위하여 평안을 구하라 예루살렘을 사랑하는 자는 형통하리로다

7 네 성 안에는 평안이 있고 네 궁중에는 형통함이 있을지어다

8 내가 내 형제와 친구를 위하여 이제 말하리니 네 가운데에 평안이 있을지어다

9 여호와 우리 하나님의 집을 위하여 내가 너를 위하여 복을 구하리로다

성전에 올라가는 노래

6

7

8

다윗의 시 곧 성전에 올라가는 노래

122

2

3

4

5

6

7

8

9

성전에 올라가는 노래

123 하늘에 계시는 주여 내가 눈을 들어 주께 향하나이다

2 상전의 손을 바라보는 종들의 눈 같이, 여주인의 손을 바라보는 여종의 눈 같이 우리의 눈이 여호와 우리 하나님을 바라보며 우리에게 은혜 베풀어 주시기를 기다리나이다

3 여호와여 우리에게 은혜를 베푸시고 또 은혜를 베푸소서 심한 멸시가 우리에게 넘치나이다

4 안일한 자의 조소와 교만한 자의 멸시가 우리 영혼에 넘치나이다

다윗의 시 곧 성전에 올라가는 노래

124 이스라엘은 이제 말하기를 여호와께서 우리 편에 계시지 아니하셨더라면 우리가 어떻게 하였으랴

2 사람들이 우리를 치러 일어날 때에 여호와께서 우리 편에 계시지 아니하셨더라면

3 그 때에 그들의 노여움이 우리에게 맹렬하여 우리를 산 채로 삼켰을 것이며

4 그 때에 물이 우리를 휩쓸며 시내가 우리 영혼을 삼켰을 것이며

5 그 때에 넘치는 물이 우리 영혼을 삼켰을 것이라 할 것이로다

6 우리를 내주어 그들의 이에 씹히지 아니하게 하신 여호와를 찬송할지로다

7 우리의 영혼이 사냥꾼의 올무에서 벗어난 새 같이 되었나니 올무가 끊어지므로 우리가 벗어났도다

123

2

3

4

다윗의 시 곧 성전에 올라가는 노래

124

2

3

4

5

6

7

8 **우리의 도움은 천지를 지으신 여호와의 이름에 있도다**

성전에 올라가는 노래

125 **여호와를 의지하는 자는 시온 산이 흔들리지 아니하고 영원히 있음 같도다**

2 **산들이 예루살렘을 두름과 같이 여호와께서 그의 백성을 지금부터 영원까지 두르시리로다**

3 **악인의 규가 의인들의 땅에서는 그 권세를 누리지 못하리니 이는 의인들로 하여금 죄악에 손을 대지 아니하게 함이로다**

4 **여호와여 선한 자들과 마음이 정직한 자들에게 선대하소서**

5 **자기의 굽은 길로 치우치는 자들은 여호와께서 죄를 범하는 자들과 함께 다니게 하시리로다 이스라엘에게는 평강이 있을지어다**

성전에 올라가는 노래

126 **여호와께서 시온의 포로를 돌려 보내실 때에 우리는 꿈꾸는 것 같았도다**

2 **그 때에 우리 입에는 웃음이 가득하고 우리 혀에는 찬양이 찼었도다 그 때에 뭇 나라 가운데에서 말하기를 여호와께서 그들을 위하여 큰 일을 행하셨다 하였도다**

3 **여호와께서 우리를 위하여 큰 일을 행하셨으니 우리는 기쁘도다**

4 **여호와여 우리의 포로를 남방 시내들**

8

성전에 올라가는 노래

125

2

3

4

5

성전에 올라가는 노래

126

2

3

4

같이 돌려 보내소서

5 눈물을 흘리며 씨를 뿌리는 자는 기쁨으로 거두리로다

6 울며 씨를 뿌리러 나가는 자는 반드시 기쁨으로 그 곡식 단을 가지고 돌아오리로다

솔로몬의 시 곧 성전에 올라가는 노래

127 여호와께서 집을 세우지 아니하시면 세우는 자의 수고가 헛되며 여호와께서 성을 지키지 아니하시면 파수꾼의 깨어 있음이 헛되도다

2 너희가 일찍이 일어나고 늦게 누우며 수고의 떡을 먹음이 헛되도다 그러므로 여호와께서 그의 사랑하시는 자에게는 잠을 주시는도다

3 보라 자식들은 여호와의 기업이요 태의 열매는 그의 상급이로다

4 젊은 자의 자식은 장사의 수중의 화살 같으니

5 이것이 그의 화살통에 가득한 자는 복되도다 그들이 성문에서 그들의 원수와 담판할 때에 수치를 당하지 아니하리로다

성전에 올라가는 노래

128 여호와를 경외하며 그의 길을 걷는 자마다 복이 있도다

2 네가 네 손이 수고한 대로 먹을 것이라 네가 복되고 형통하리로다

3 네 집 안방에 있는 네 아내는 결실한 포도나무 같으며 네 식탁에 둘러 앉은 자

5

6

솔로몬의 시 곧 성전에 올라가는 노래

127

2

3

4

5

성전에 올라가는 노래

128

2

3

식들은 어린 감람나무 같으리로다

4 여호와를 경외하는 자는 이같이 복을 얻으리로다

5 여호와께서 시온에서 네게 복을 주실지어다 너는 평생에 예루살렘의 번영을 보며

6 네 자식의 자식을 볼지어다 이스라엘에게 평강이 있을지로다

성전에 올라가는 노래

129 이스라엘은 이제 말하기를 그들이 내가 어릴 때부터 여러 번 나를 괴롭혔도다

2 그들이 내가 어릴 때부터 여러 번 나를 괴롭혔으나 나를 이기지 못하였도다

3 밭 가는 자들이 내 등을 갈아 그 고랑을 길게 지었도다

4 여호와께서는 의로우사 악인들의 줄을 끊으셨도다

5 무릇 시온을 미워하는 자들은 수치를 당하여 물러갈지어다

6 그들은 지붕의 풀과 같을지어다 그것은 자라기 전에 마르는 것이라

7 이런 것은 베는 자의 손과 묶는 자의 품에 차지 아니하나니

8 지나가는 자들도 여호와의 복이 너희에게 있을지어다 하거나 우리가 여호와의 이름으로 너희에게 축복한다 하지 아니하느니라

성전에 올라가는 노래

4

5

6

성전에 올라가는 노래

129

2

3

4

5

6

7

8

성전에 올라가는 노래

130 여호와여 내가 깊은 곳에서 주께 부르짖었나이다

2 주여 내 소리를 들으시며 나의 부르짖는 소리에 귀를 기울이소서

3 여호와여 주께서 죄악을 지켜보실진대 주여 누가 서리이까

4 그러나 사유하심이 주께 있음은 주를 경외하게 하심이니이다

5 나 곧 내 영혼은 여호와를 기다리며 나는 주의 말씀을 바라는도다

6 파수꾼이 아침을 기다림보다 내 영혼이 주를 더 기다리나니 참으로 파수꾼이 아침을 기다림보다 더하도다

7 이스라엘아 여호와를 바랄지어다 여호와께서는 인자하심과 풍성한 속량이 있음이라

8 그가 이스라엘을 그의 모든 죄악에서 속량하시리로다

다윗의 시 곧 성전에 올라가는 노래

131 여호와여 내 마음이 교만하지 아니하고 내 눈이 오만하지 아니하오며 내가 큰 일과 감당하지 못할 놀라운 일을 하려고 힘쓰지 아니하나이다

2 실로 내가 내 영혼으로 고요하고 평온하게 하기를 젖 뗀 아이가 그의 어머니 품에 있음 같게 하였나니 내 영혼이 젖 뗀 아이와 같도다

3 이스라엘아 지금부터 영원까지 여호와를 바랄지어다

130

2

3

4

5

6

7

8

다윗의 시 곧 성전에 올라가는 노래

131

2

3

성전에 올라가는 노래

132

여호와여 다윗을 위하여 그의 모든 겸손을 기억하소서

2 그가 여호와께 맹세하며 야곱의 전능자에게 서원하기를

3 내가 내 장막 집에 들어가지 아니하며 내 침상에 오르지 아니하고

4 내 눈으로 잠들게 하지 아니하며 내 눈꺼풀로 졸게 하지 아니하기를

5 여호와의 처소 곧 야곱의 전능자의 성막을 발견하기까지 하리라 하였나이다

6 우리가 그것이 에브라다에 있다 함을 들었더니 나무 밭에서 찾았도다

7 우리가 그의 계신 곳으로 들어가서 그의 발등상 앞에서 엎드려 예배하리로다

8 여호와여 일어나사 주의 권능의 궤와 함께 평안한 곳으로 들어가소서

9 주의 제사장들은 의를 옷 입고 주의 성도들은 즐거이 외칠지어다

10 주의 종 다윗을 위하여 주의 기름 부음 받은 자의 얼굴을 외면하지 마옵소서

11 여호와께서 다윗에게 성실히 맹세하셨으니 변하지 아니하실지라 이르시기를 네 몸의 소생을 네 왕위에 둘지라

12 네 자손이 내 언약과 그들에게 교훈하는 내 증거를 지킬진대 그들의 후손도 영원히 네 왕위에 앉으리라 하셨도다

13 여호와께서 시온을 택하시고 자기 거처를 삼고자 하여 이르시기를

성전에 올라가는 노래

132

2

3

4

5

6

7

8

9

10

11

12

13

14 **이는 내가 영원히 쉴 곳이라 내가 여기 거주할 것은 이를 원하였음이로다**

15 **내가 이 성의 식료품에 풍족히 복을 주고 떡으로 그 빈민을 만족하게 하리로다**

16 **내가 그 제사장들에게 구원을 옷 입히리니 그 성도들은 즐거이 외치리로다**

17 **내가 거기서 다윗에게 뿔이 나게 할 것이라 내가 내 기름 부음 받은 자를 위하여 등을 준비하였도다**

18 **내가 그의 원수에게는 수치를 옷 입히고 그에게는 왕관이 빛나게 하리라 하셨도다**

다윗의 시 곧 성전에 올라가는 노래

133 **보라 형제가 연합하여 동거함이 어찌 그리 선하고 아름다운고**

2 **머리에 있는 보배로운 기름이 수염 곧 아론의 수염에 흘러서 그의 옷깃까지 내림 같고**

3 **헐몬의 이슬이 시온의 산들에 내림 같도다 거기서 여호와께서 복을 명령하셨나니 곧 영생이로다**

성전에 올라가는 노래

134 **보라 밤에 여호와의 성전에 서 있는 여호와의 모든 종들아 여호와를 송축하라**

2 **성소를 향하여 너희 손을 들고 여호와를 송축하라**

3 **천지를 지으신 여호와께서 시온에서 네게 복을 주실지어다**

14

15

16

17

18

다윗의 시 곧 성전에 올라가는 노래

133

2

3

성전에 올라가는 노래

134

2

3

135 할렐루야 여호와의 이름을 찬송하라 여호와의 종들아 찬송하라

2 여호와의 집 우리 여호와의 성전 곧 우리 하나님의 성전 뜰에 서 있는 너희여

3 여호와를 찬송하라 여호와는 선하시며 그의 이름이 아름다우니 그의 이름을 찬양하라

4 여호와께서 자기를 위하여 야곱 곧 이스라엘을 자기의 특별한 소유로 택하셨음이로다

5 내가 알거니와 여호와께서는 위대하시며 우리 주는 모든 신들보다 위대하시도다

6 여호와께서 그가 기뻐하시는 모든 일을 천지와 바다와 모든 깊은 데서 다 행하셨도다

7 안개를 땅 끝에서 일으키시며 비를 위하여 번개를 만드시며 바람을 그 곳간에서 내시는도다

8 그가 애굽의 처음 난 자를 사람부터 짐승까지 치셨도다

9 애굽이여 여호와께서 네게 행한 표적들과 징조들을 바로와 그의 모든 신하들에게 보내셨도다

10 그가 많은 나라를 치시고 강한 왕들을 죽이셨나니

11 곧 아모리인의 왕 시혼과 바산 왕 옥과 가나안의 모든 국왕이로다

12 그들의 땅을 기업으로 주시되 자기 백

135

2

3

4

5

6

7

8

9

10

11

12

성 이스라엘에게 기업으로 주셨도다

13 여호와여 주의 이름이 영원하시니이다 여호와여 주를 기념함이 대대에 이르리이다

14 여호와께서 자기 백성을 판단하시며 그의 종들로 말미암아 위로를 받으시리로다

15 열국의 우상은 은금이요 사람의 손으로 만든 것이라

16 입이 있어도 말하지 못하며 눈이 있어도 보지 못하며

17 귀가 있어도 듣지 못하며 그들의 입에는 아무 호흡도 없나니

18 그것을 만든 자와 그것을 의지하는 자가 다 그것과 같으리로다

19 이스라엘 족속아 여호와를 송축하라 아론의 족속아 여호와를 송축하라

20 레위 족속아 여호와를 송축하라 여호와를 경외하는 너희들아 여호와를 송축하라

21 예루살렘에 계시는 여호와는 시온에서 찬송을 받으실지어다 할렐루야

136 여호와께 감사하라 그는 선하시며 그 인자하심이 영원함이로다

2 신들 중에 뛰어난 하나님께 감사하라 그 인자하심이 영원함이로다

3 주들 중에 뛰어난 주께 감사하라 그 인자하심이 영원함이로다

4 홀로 큰 기이한 일들을 행하시는 이에

13

14

15

16

17

18

19

20

21

136

2

3

4

게 감사하라 그 인자하심이 영원함이로다

5 지혜로 하늘을 지으신 이에게 감사하라 그 인자하심이 영원함이로다

6 땅을 물 위에 펴신 이에게 감사하라 그 인자하심이 영원함이로다

7 큰 빛들을 지으신 이에게 감사하라 그 인자하심이 영원함이로다

8 해로 낮을 주관하게 하신 이에게 감사하라 그 인자하심이 영원함이로다

9 달과 별들로 밤을 주관하게 하신 이에게 감사하라 그 인자하심이 영원함이로다

10 애굽의 장자를 치신 이에게 감사하라 그 인자하심이 영원함이로다

11 이스라엘을 그들 중에서 인도하여 내신 이에게 감사하라 그 인자하심이 영원함이로다

12 강한 손과 펴신 팔로 인도하여 내신 이에게 감사하라 그 인자하심이 영원함이로다

13 홍해를 가르신 이에게 감사하라 그 인자하심이 영원함이로다

14 이스라엘을 그 가운데로 통과하게 하신 이에게 감사하라 그 인자하심이 영원함이로다

15 바로와 그의 군대를 홍해에 엎드러뜨리신 이에게 감사하라 그 인자하심이 영원함이로다

16 그의 백성을 인도하여 광야를 통과하게 하신 이에게 감사하라 그 인자하심이

5

6

7

8

9

10

11

12

13

14

15

16

영원함이로다

17 **큰 왕들을 치신 이에게 감사하라 그 인자하심이 영원함이로다**

18 **유명한 왕들을 죽이신 이에게 감사하라 그 인자하심이 영원함이로다**

19 **아모리인의 왕 시혼을 죽이신 이에게 감사하라 그 인자하심이 영원함이로다**

20 **바산 왕 옥을 죽이신 이에게 감사하라 그 인자하심이 영원함이로다**

21 **그들의 땅을 기업으로 주신 이에게 감사하라 그 인자하심이 영원함이로다**

22 **곧 그 종 이스라엘에게 기업으로 주신 이에게 감사하라 그 인자하심이 영원함이로다**

23 **우리를 비천한 가운데에서도 기억해 주신 이에게 감사하라 그 인자하심이 영원함이로다**

24 **우리를 우리의 대적에게서 건지신 이에게 감사하라 그 인자하심이 영원함이로다**

25 **모든 육체에게 먹을 것을 주신 이에게 감사하라 그 인자하심이 영원함이로다**

26 **하늘의 하나님께 감사하라 그 인자하심이 영원함이로다**

137 **우리가 바벨론의 여러 강변 거기에 앉아서 시온을 기억하며 울었도다**

2 **그 중의 버드나무에 우리가 우리의 수금을 걸었나니**

17

18

19

20

21

22

23

24

25

26

137

2

3 이는 우리를 사로잡은 자가 거기서 우리에게 노래를 청하며 우리를 황폐하게 한 자가 기쁨을 청하고 자기들을 위하여 시온의 노래 중 하나를 노래하라 함이로다

4 우리가 이방 땅에서 어찌 여호와의 노래를 부를까

5 예루살렘아 내가 너를 잊을진대 내 오른손이 그의 재주를 잊을지로다

6 내가 예루살렘을 기억하지 아니하거나 내가 가장 즐거워하는 것보다 더 즐거워하지 아니할진대 내 혀가 내 입천장에 붙을지로다

7 여호와여 예루살렘이 멸망하던 날을 기억하시고 에돔 자손을 치소서 그들의 말이 헐어 버리라 헐어 버리라 그 기초까지 헐어 버리라 하였나이다

8 멸망할 딸 바벨론아 네가 우리에게 행한 대로 네게 갚는 자가 복이 있으리로다

9 네 어린 것들을 바위에 메어치는 자는 복이 있으리로다

다윗의 시

138 내가 전심으로 주께 감사하며 신들 앞에서 주께 찬송하리이다

2 내가 주의 성전을 향하여 예배하며 주의 인자하심과 성실하심으로 말미암아 주의 이름에 감사하오리니 이는 주께서 주의 말씀을 주의 모든 이름보다 높게 하셨음이라

3 내가 간구하는 날에 주께서 응답하시고 내 영혼에 힘을 주어 나를 강하게 하셨

3

4

5

6

7

8

9

다윗의 시

138

2

3

나이다

4 여호와여 세상의 모든 왕들이 주께 감사할 것은 그들이 주의 입의 말씀을 들음이오며

5 그들이 여호와의 도를 노래할 것은 여호와의 영광이 크심이니이다

6 여호와께서는 높이 계셔도 낮은 자를 굽어살피시며 멀리서도 교만한 자를 아심이니이다

7 내가 환난 중에 다닐지라도 주께서 나를 살아나게 하시고 주의 손을 펴사 내 원수들의 분노를 막으시며 주의 오른손이 나를 구원하시리이다

8 여호와께서 나를 위하여 보상해 주시리이다 여호와여 주의 인자하심이 영원하오니 주의 손으로 지으신 것을 버리지 마옵소서

다윗의 시, 인도자를 따라 부르는 노래

139 여호와여 주께서 나를 살펴 보셨으므로 나를 아시나이다

2 주께서 내가 앉고 일어섬을 아시고 멀리서도 나의 생각을 밝히 아시오며

3 나의 모든 길과 내가 눕는 것을 살펴 보셨으므로 나의 모든 행위를 익히 아시오니

4 여호와여 내 혀의 말을 알지 못하시는 것이 하나도 없으시니이다

5 주께서 나의 앞뒤를 둘러싸시고 내게 안수하셨나이다

4

5

6

7

8

다윗의 시, 인도자를 따라 부르는 노래

139

2

3

4

5

6 이 지식이 내게 너무 기이하니 높아서 내가 능히 미치지 못하나이다

6

7 내가 주의 영을 떠나 어디로 가며 주의 앞에서 어디로 피하리이까

7

8 내가 하늘에 올라갈지라도 거기 계시며 스올에 내 자리를 펼지라도 거기 계시니이다

8

9 내가 새벽 날개를 치며 바다 끝에 가서 거주할지라도

9

10 거기서도 주의 손이 나를 인도하시며 주의 오른손이 나를 붙드시리이다

10

11 내가 혹시 말하기를 흑암이 반드시 나를 덮고 나를 두른 빛은 밤이 되리라 할지라도

11

12 주에게서는 흑암이 숨기지 못하며 밤이 낮과 같이 비추이나니 주에게는 흑암과 빛이 같음이니이다

12

13 주께서 내 내장을 지으시며 나의 모태에서 나를 만드셨나이다

13

14 내가 주께 감사하옴은 나를 지으심이 심히 기묘하심이라 주께서 하시는 일이 기이함을 내 영혼이 잘 아나이다

14

15 내가 은밀한 데서 지음을 받고 땅의 깊은 곳에서 기이하게 지음을 받은 때에 나의 형체가 주의 앞에 숨겨지지 못하였나이다

15

16 내 형질이 이루어지기 전에 주의 눈이 보셨으며 나를 위하여 정한 날이 하루도 되기 전에 주의 책에 다 기록이 되었나이다

16

17 **하나님이여 주의 생각이 내게 어찌 그리 보배로우신지요 그 수가 어찌 그리 많은지요**

18 **내가 세려고 할지라도 그 수가 모래보다 많도소이다 내가 깰 때에도 여전히 주와 함께 있나이다**

19 **하나님이여 주께서 반드시 악인을 죽이시리이다 피 흘리기를 즐기는 자들아 나를 떠날지어다**

20 **그들이 주를 대하여 악하게 말하며 주의 원수들이 주의 이름으로 헛되이 맹세하나이다**

21 **여호와여 내가 주를 미워하는 자들을 미워하지 아니하오며 주를 치러 일어나는 자들을 미워하지 아니하나이까**

22 **내가 그들을 심히 미워하니 그들은 나의 원수들이니이다**

23 **하나님이여 나를 살피사 내 마음을 아시며 나를 시험하사 내 뜻을 아옵소서**

24 **내게 무슨 악한 행위가 있나 보시고 나를 영원한 길로 인도하소서**

다윗의 시, 인도자를 따라 부르는 노래

140

여호와여 악인에게서 나를 건지시며 포악한 자에게서 나를 보전하소서

2 **그들이 마음속으로 악을 꾀하고 싸우기 위하여 매일 모이오며**

3 **뱀 같이 그 혀를 날카롭게 하니 그 입술 아래에는 독사의 독이 있나이다 (셀라)**

17

18

19

20

21

22

23

24

다윗의 시, 인도자를 따라 부르는 노래

140

2

3

4 여호와여 나를 지키사 악인의 손에 빠지지 않게 하시며 나를 보전하사 포악한 자에게서 벗어나게 하소서 그들은 나의 걸음을 밀치려 하나이다

5 교만한 자가 나를 해하려고 올무와 줄을 놓으며 길 곁에 그물을 치며 함정을 두었나이다 (셀라)

6 내가 여호와께 말하기를 주는 나의 하나님이시니 여호와여 나의 간구하는 소리에 귀를 기울이소서 하였나이다

7 내 구원의 능력이신 주 여호와여 전쟁의 날에 주께서 내 머리를 가려 주셨나이다

8 여호와여 악인의 소원을 허락하지 마시며 그의 악한 꾀를 이루지 못하게 하소서 그들이 스스로 높일까 하나이다 (셀라)

9 나를 에워싸는 자들이 그들의 머리를 들 때에 그들의 입술의 재난이 그들을 덮게 하소서

10 뜨거운 숯불이 그들 위에 떨어지게 하시며 불 가운데와 깊은 웅덩이에 그들로 하여금 빠져 다시 일어나지 못하게 하소서

11 악담하는 자는 세상에서 굳게 서지 못하며 포악한 자는 재앙이 따라서 패망하게 하리이다

12 내가 알거니와 여호와는 고난 당하는 자를 변호해 주시며 궁핍한 자에게 정의를 베푸시리이다

13 진실로 의인들이 주의 이름에 감사하며 정직한 자들이 주의 앞에서 살리이다

4

5

6

7

8

9

10

11

12

13

다윗의 시

141 여호와여 내가 주를 불렀사오니 속히 내게 오시옵소서 내가 주께 부르짖을 때에 내 음성에 귀를 기울이소서

2 나의 기도가 주의 앞에 분향함과 같이 되며 나의 손 드는 것이 저녁 제사 같이 되게 하소서

3 여호와여 내 입에 파수꾼을 세우시고 내 입술의 문을 지키소서

4 내 마음이 악한 일에 기울어 죄악을 행하는 자들과 함께 악을 행하지 말게 하시며 그들의 진수성찬을 먹지 말게 하소서

5 의인이 나를 칠지라도 은혜로 여기며 책망할지라도 머리의 기름 같이 여겨서 내 머리가 이를 거절하지 아니할지라 그들의 재난 중에도 내가 항상 기도하리로다

6 그들의 재판관들이 바위 곁에 내려 던져졌도다 내 말이 달므로 무리가 들으리로다

7 사람이 밭 갈아 흙을 부스러뜨림 같이 우리의 해골이 스올 입구에 흩어졌도다

8 주 여호와여 내 눈이 주께 향하며 내가 주께 피하오니 내 영혼을 빈궁한 대로 버려 두지 마옵소서

9 나를 지키사 그들이 나를 잡으려고 놓은 올무와 악을 행하는 자들의 함정에서 벗어나게 하옵소서

10 악인은 자기 그물에 걸리게 하시고 나만은 온전히 면하게 하소서

다윗의 시

141

2

3

4

5

6

7

8

9

10

다윗이 굴에 있을 때에 지은 마스길 곧 기도

142 내가 소리 내어 여호와께 부르짖으며 소리 내어 여호와께 간구하는도다

2 내가 내 원통함을 그의 앞에 토로하며 내 우환을 그의 앞에 진술하는도다

3 내 영이 내 속에서 상할 때에도 주께서 내 길을 아셨나이다 내가 가는 길에 그들이 나를 잡으려고 올무를 숨겼나이다

4 오른쪽을 살펴 보소서 나를 아는 이도 없고 나의 피난처도 없고 내 영혼을 돌보는 이도 없나이다

5 여호와여 내가 주께 부르짖어 말하기를 주는 나의 피난처시요 살아 있는 사람들의 땅에서 나의 분깃이시라 하였나이다

6 나의 부르짖음을 들으소서 나는 심히 비천하니이다 나를 핍박하는 자들에게서 나를 건지소서 그들은 나보다 강하니이다

7 내 영혼을 옥에서 이끌어 내사 주의 이름을 감사하게 하소서 주께서 나에게 갚아 주시리니 의인들이 나를 두르리이다

다윗의 시

143 여호와여 내 기도를 들으시며 내 간구에 귀를 기울이시고 주의 진실과 의로 내게 응답하소서

2 주의 종에게 심판을 행하지 마소서 주의 눈 앞에는 의로운 인생이 하나도 없나이다

3 원수가 내 영혼을 핍박하며 내 생명을

다윗이 굴에 있을 때에 지은 마스길 곧 기도

142

2

3

4

5

6

7

다윗의 시

143

2

3

땅에 엎어서 나로 죽은 지 오랜 자 같이 나를 암흑 속에 두었나이다

4 **그러므로 내 심령이 속에서 상하며 내 마음이 내 속에서 참담하니이다**

5 **내가 옛날을 기억하고 주의 모든 행하신 것을 읊조리며 주의 손이 행하는 일을 생각하고**

6 **주를 향하여 손을 펴고 내 영혼이 마른 땅 같이 주를 사모하나이다 (셀라)**

7 **여호와여 속히 내게 응답하소서 내 영이 피곤하니이다 주의 얼굴을 내게서 숨기지 마소서 내가 무덤에 내려가는 자 같을까 두려워하나이다**

8 **아침에 나로 하여금 주의 인자한 말씀을 듣게 하소서 내가 주를 의뢰함이니이다 내가 다닐 길을 알게 하소서 내가 내 영혼을 주께 드림이니이다**

9 **여호와여 나를 내 원수들에게서 건지소서 내가 주께 피하여 숨었나이다**

10 **주는 나의 하나님이시니 나를 가르쳐 주의 뜻을 행하게 하소서 주의 영은 선하시니 나를 공평한 땅에 인도하소서**

11 **여호와여 주의 이름을 위하여 나를 살리시고 주의 의로 내 영혼을 환난에서 끌어내소서**

12 **주의 인자하심으로 나의 원수들을 끊으시고 내 영혼을 괴롭게 하는 자를 다 멸하소서 나는 주의 종이니이다**

다윗의 시

4

5

6

7

8

9

10

11

12

다윗의 시

144 나의 반석이신 여호와를 찬송하리로다 그가 내 손을 가르쳐 싸우게 하시며 손가락을 가르쳐 전쟁하게 하시는도다

2 여호와는 나의 사랑이시요 나의 요새이시요 나의 산성이시요 나를 건지시는 이시요 나의 방패이시니 내가 그에게 피하였고 그가 내 백성을 내게 복종하게 하셨나이다

3 여호와여 사람이 무엇이기에 주께서 그를 알아 주시며 인생이 무엇이기에 그를 생각하시나이까

4 사람은 헛것 같고 그의 날은 지나가는 그림자 같으니이다

5 여호와여 주의 하늘을 드리우고 강림하시며 산들에 접촉하사 연기를 내게 하소서

6 번개를 번쩍이사 원수들을 흩으시며 주의 화살을 쏘아 그들을 무찌르소서

7 위에서부터 주의 손을 펴사 나를 큰 물과 이방인의 손에서 구하여 건지소서

8 그들의 입은 거짓을 말하며 그의 오른손은 거짓의 오른손이니이다

9 하나님이여 내가 주께 새 노래로 노래하며 열 줄 비파로 주를 찬양하리이다

10 주는 왕들에게 구원을 베푸시는 자시요 그의 종 다윗을 그 해하려는 칼에서 구하시는 자시니이다

11 이방인의 손에서 나를 구하여 건지소서 그들의 입은 거짓을 말하며 그 오른손

144

2

3

4

5

6

7

8

9

10

11

은 거짓의 오른손이니이다

12 우리 아들들은 어리다가 장성한 나무들과 같으며 우리 딸들은 궁전의 양식대로 아름답게 다듬은 모퉁잇돌들과 같으며

13 우리의 곳간에는 백곡이 가득하며 우리의 양은 들에서 천천과 만만으로 번성하며

14 우리 수소는 무겁게 실었으며 또 우리를 침노하는 일이나 우리가 나아가 막는 일이 없으며 우리 거리에는 슬피 부르짖음이 없을진대

15 이러한 백성은 복이 있나니 여호와를 자기 하나님으로 삼는 백성은 복이 있도다

다윗의 찬송시

145 왕이신 나의 하나님이여 내가 주를 높이고 영원히 주의 이름을 송축하리이다

2 내가 날마다 주를 송축하며 영원히 주의 이름을 송축하리이다

3 여호와는 위대하시니 크게 찬양할 것이라 그의 위대하심을 측량하지 못하리로다

4 대대로 주께서 행하시는 일을 크게 찬양하며 주의 능한 일을 선포하리로다

5 주의 존귀하고 영광스러운 위엄과 주의 기이한 일들을 나는 작은 소리로 읊조리리이다

6 사람들은 주의 두려운 일의 권능을 말할 것이요 나도 주의 위대하심을 선포하

12

13

14

15

다윗의 찬송시

145

2

3

4

5

6

리이다

7 그들이 주의 크신 은혜를 기념하여 말하며 주의 의를 노래하리이다

8 여호와는 은혜로우시며 긍휼이 많으시며 노하기를 더디 하시며 인자하심이 크시도다

9 여호와께서는 모든 것을 선대하시며 그 지으신 모든 것에 긍휼을 베푸시는도다

10 여호와여 주께서 지으신 모든 것들이 주께 감사하며 주의 성도들이 주를 송축하리이다

11 그들이 주의 나라의 영광을 말하며 주의 업적을 일러서

12 주의 업적과 주의 나라의 위엄 있는 영광을 인생들에게 알게 하리이다

13 주의 나라는 영원한 나라이니 주의 통치는 대대에 이르리이다

14 여호와께서는 모든 넘어지는 자들을 붙드시며 비굴한 자들을 일으키시는도다

15 모든 사람의 눈이 주를 앙망하오니 주는 때를 따라 그들에게 먹을 것을 주시며

16 손을 펴사 모든 생물의 소원을 만족하게 하시나이다

17 여호와께서는 그 모든 행위에 의로우시며 그 모든 일에 은혜로우시도다

18 여호와께서는 자기에게 간구하는 모든 자 곧 진실하게 간구하는 모든 자에게 가까이 하시는도다

19 그는 자기를 경외하는 자들의 소원을

7

8

9

10

11

12

13

14

15

16

17

18

19

이루시며 또 그들의 부르짖음을 들으사 구원하시리로다

20 여호와께서 자기를 사랑하는 자들은 다 보호하시고 악인들은 다 멸하시리로다

21 내 입이 여호와의 영예를 말하며 모든 육체가 그의 거룩하신 이름을 영원히 송축할지로다

146

할렐루야 내 영혼아 여호와를 찬양하라

2 나의 생전에 여호와를 찬양하며 나의 평생에 내 하나님을 찬송하리로다

3 귀인들을 의지하지 말며 도울 힘이 없는 인생도 의지하지 말지니

4 그의 호흡이 끊어지면 흙으로 돌아가서 그 날에 그의 생각이 소멸하리로다

5 야곱의 하나님을 자기의 도움으로 삼으며 여호와 자기 하나님에게 자기의 소망을 두는 자는 복이 있도다

6 여호와는 천지와 바다와 그 중의 만물을 지으시며 영원히 진실함을 지키시며

7 억눌린 사람들을 위해 정의로 심판하시며 주린 자들에게 먹을 것을 주시는 이시로다 여호와께서는 갇힌 자들에게 자유를 주시는도다

8 여호와께서 맹인들의 눈을 여시며 여호와께서 비굴한 자들을 일으키시며 여호와께서 의인들을 사랑하시며

9 여호와께서 나그네들을 보호하시며 고아와 과부를 붙드시고 악인들의 길은

20

21

146

2

3

4

5

6

7

8

9

굽게 하시는도다

10 시온아 여호와는 영원히 다스리시고 네 하나님은 대대로 통치하시리로다 할렐루야

147 할렐루야 우리 하나님을 찬양하는 일이 선함이여 찬송하는 일이 아름답고 마땅하도다

2 여호와께서 예루살렘을 세우시며 이스라엘의 흩어진 자들을 모으시며

3 상심한 자들을 고치시며 그들의 상처를 싸매시는도다

4 그가 별들의 수효를 세시고 그것들을 다 이름대로 부르시는도다

5 우리 주는 위대하시며 능력이 많으시며 그의 지혜가 무궁하시도다

6 여호와께서 겸손한 자들은 붙드시고 악인들은 땅에 엎드러뜨리시는도다

7 감사함으로 여호와께 노래하며 수금으로 하나님께 찬양할지어다

8 그가 구름으로 하늘을 덮으시며 땅을 위하여 비를 준비하시며 산에 풀이 자라게 하시며

9 들짐승과 우는 까마귀 새끼에게 먹을 것을 주시는도다

10 여호와는 말의 힘이 세다 하여 기뻐하지 아니하시며 사람의 다리가 억세다 하여 기뻐하지 아니하시고

11 여호와는 자기를 경외하는 자들과 그의 인자하심을 바라는 자들을 기뻐하시

10

147

2

3

4

5

6

7

8

9

10

11

는도다

12 예루살렘아 여호와를 찬송할지어다 시온아 네 하나님을 찬양할지어다

13 그가 네 문빗장을 견고히 하시고 네 가운데에 있는 너의 자녀들에게 복을 주셨으며

14 네 경내를 평안하게 하시고 아름다운 밀로 너를 배불리시며

15 그의 명령을 땅에 보내시니 그의 말씀이 속히 달리는도다

16 눈을 양털 같이 내리시며 서리를 재 같이 흩으시며

17 우박을 떡 부스러기 같이 뿌리시나니 누가 능히 그의 추위를 감당하리요

18 그의 말씀을 보내사 그것들을 녹이시고 바람을 불게 하신즉 물이 흐르는도다

19 그가 그의 말씀을 야곱에게 보이시며 그의 율례와 규례를 이스라엘에게 보이시는도다

20 그는 어느 민족에게도 이와 같이 행하지 아니하셨나니 그들은 그의 법도를 알지 못하였도다 할렐루야

148 할렐루야 하늘에서 여호와를 찬양하며 높은 데서 그를 찬양할지어다

2 그의 모든 천사여 찬양하며 모든 군대여 그를 찬양할지어다

3 해와 달아 그를 찬양하며 밝은 별들아 다 그를 찬양할지어다

12

13

14

15

16

17

18

19

20

148

2

3

4 **하늘의 하늘도 그를 찬양하며 하늘 위에 있는 물들도 그를 찬양할지어다**

5 **그것들이 여호와의 이름을 찬양함은 그가 명령하시므로 지음을 받았음이로다**

6 **그가 또 그것들을 영원히 세우시고 폐하지 못할 명령을 정하셨도다**

7 **너희 용들과 바다여 땅에서 여호와를 찬양하라**

8 **불과 우박과 눈과 안개와 그의 말씀을 따르는 광풍이며**

9 **산들과 모든 작은 산과 과수와 모든 백향목이며**

10 **짐승과 모든 가축과 기는 것과 나는 새며**

11 **세상의 왕들과 모든 백성들과 고관들과 땅의 모든 재판관들이며**

12 **총각과 처녀와 노인과 아이들아**

13 **여호와의 이름을 찬양할지어다 그의 이름이 홀로 높으시며 그의 영광이 땅과 하늘 위에 뛰어나심이로다**

14 **그가 그의 백성의 뿔을 높이셨으니 그는 모든 성도 곧 그를 가까이 하는 백성 이스라엘 자손의 찬양 받을 이시로다 할렐루야**

149 **할렐루야 새 노래로 여호와께 노래하며 성도의 모임 가운데에서 찬양할지어다**

2 **이스라엘은 자기를 지으신 이로 말미암아 즐거워하며 시온의 주민은 그들의 왕으로 말미암아 즐거워할지어다**

4

5

6

7

8

9

10

11

12

13

14

149

2

3 춤 추며 그의 이름을 찬양하며 소고와 수금으로 그를 찬양할지어다

4 여호와께서는 자기 백성을 기뻐하시며 겸손한 자를 구원으로 아름답게 하심이로다

5 성도들은 영광 중에 즐거워하며 그들의 침상에서 기쁨으로 노래할지어다

6 그들의 입에는 하나님에 대한 찬양이 있고 그들의 손에는 두 날 가진 칼이 있도다

7 이것으로 뭇 나라에 보수하며 민족들을 벌하며

8 그들의 왕들은 사슬로, 그들의 귀인은 철고랑으로 결박하고

9 기록한 판결대로 그들에게 시행할지로다 이런 영광은 그의 모든 성도에게 있도다 할렐루야

150 할렐루야 그의 성소에서 하나님을 찬양하며 그의 권능의 궁창에서 그를 찬양할지어다

2 그의 능하신 행동을 찬양하며 그의 지극히 위대하심을 따라 찬양할지어다

3 나팔 소리로 찬양하며 비파와 수금으로 찬양할지어다

4 소고 치며 춤 추어 찬양하며 현악과 퉁소로 찬양할지어다

5 큰 소리 나는 제금으로 찬양하며 높은 소리 나는 제금으로 찬양할지어다

6 호흡이 있는 자마다 여호와를 찬양할지어다 할렐루야

3

4

5

6

7

8

9

150

2

3

4

5

6

남기고 싶은 글

남기고 싶은 글

남기고 싶은 글

주기도문 새번역

하늘에 계신 우리 아버지,
아버지의 이름을 거룩하게 하시며
아버지의 나라가 오게 하시며,
아버지의 뜻이 하늘에서와 같이 땅에서도 이루어지게 하소서.
오늘 우리에게 일용할 양식을 주시고,
우리가 우리에게 잘못한 사람을 용서하여 준 것같이
우리 죄를 용서하여 주시고,
우리를 시험에 빠지지 않게 하시고, 악에서 구하소서.
나라와 권능과 영광이 영원히 아버지의 것입니다.
아멘.

새번역 사도신경

나는 전능하신 아버지 하나님, 천지의 창조주를 믿습니다.
나는 그의 유일하신 아들, 우리 주 예수 그리스도를 믿습니다.
그는 성령으로 잉태되어 동정녀 마리아에게서 나시고,
본디오 빌라도에게 고난을 받아 십자가에 못 박혀 죽으시고,
장사된 지 사흘 만에 죽은 자 가운데서 다시 살아나셨으며,
하늘에 오르시어 전능하신 아버지 하나님 우편에 앉아 계시다가,
거기로부터 살아 있는 자와 죽은 자를 심판하러 오십니다.
나는 성령을 믿으며, 거룩한 공교회와 성도의 교제와
죄를 용서받는 것과 몸의 부활과 영생을 믿습니다.
아멘.

십계명

제일은, 너는 나 외에는 다른 신들을 네게 두지 말라.

제이는, 너를 위하여 새긴 우상을 만들지 말고,
또 위로 하늘에 있는 것이나, 아래로 땅에 있는 것이나,
땅 아래 물 속에 있는 것의 어떤 형상도 만들지 말며,
그것들에게 절하지 말며, 그것들을 섬기지 말라.

제삼은, 너는 네 하나님 여호와의 이름을 망령되게 부르지 말라.

제사는, 안식일을 기억하여 거룩하게 지키라.

제오는, 네 부모를 공경하라.

제육은, 살인하지 말라.

제칠은, 간음하지 말라.

제팔은, 도둑질하지 말라.

제구는, 네 이웃에 대하여 거짓 증거하지 말라.

제십은, 네 이웃의 집을 탐내지 말라.

손글씨성경 [구약_시편]

2021년 4월 15일 초판 1쇄 발행

펴 낸 이 김수곤
디 자 인 디자인이츠
발 행 처 MISSION TORCH
등 록 일 1999년 9월 21일 제 54호
등록주소 서울 송파구 백제고분로 27길 12(삼전동)
전　　화 (02)2203-2739
팩　　스 (02)2203-2738
이 메 일 ccm2you@gmail.com
홈페이지 www.ccm2u.com